"不忘初心 缅怀先烈"丛书

陈新 张采鑫◎主编

留得豪情谱新篇
恽代英

冷笛 著

花山文艺出版社

河北·石家庄

图书在版编目（CIP）数据

留得豪情谱新篇：恽代英 / 冷笛著. —石家庄：花山文艺出版社，2023.1（2025.1重印）
（"不忘初心 缅怀先烈"丛书 / 陈新，张采鑫主编）
ISBN 978-7-5511-6040-7

Ⅰ. ①留… Ⅱ. ①冷… Ⅲ. ①传记文学－中国－当代 Ⅳ. ①I25

中国版本图书馆CIP数据核字（2022）第012153号

丛 书 名："不忘初心 缅怀先烈"丛书
主　　编：陈　新　张采鑫
书　　名：留得豪情谱新篇——恽代英
　　　　　Liu De Haoqing Pu Xinpian —— Yun Daiying
著　　者：冷　笛
策　　划：张采鑫　王玉晓
特约编辑：王福仓
责任编辑：申　强
责任校对：李　鸥
封面设计：书心瞬意
美术编辑：王爱芹
出版发行：花山文艺出版社（邮政编码：050061）
　　　　　（河北省石家庄市友谊北大街330号）
销售热线：0311-88643299/48
印　　刷：北京一鑫印务有限责任公司
经　　销：新华书店
开　　本：700毫米×1000毫米　1/16
印　　张：8
字　　数：100千字
版　　次：2023年1月第1版
　　　　　2025年1月第5次印刷
书　　号：ISBN 978-7-5511-6040-7
定　　价：39.80元

（版权所有　翻印必究·印装有误　负责调换）

Contents 目 录

引 子 ………………………………………… 1
一、奇遇淡然先生 …………………………… 3
二、贴在墙上的范文 ………………………… 8
三、播火 ……………………………………… 12
四、两个年轻人 ……………………………… 15
五、憧憬武汉 ………………………………… 20
六、崭露头角 ………………………………… 23
七、崇尚德先生和赛先生 …………………… 27
八、社会的良心 ……………………………… 30
九、上邪 ……………………………………… 32
十、让穷孩子读得起书 ……………………… 37
十一、奴隶们起来 …………………………… 42
十二、血祭 …………………………………… 46
十三、人类必须有火！ ……………………… 49
十四、打倒土豪劣绅 ………………………… 53
十五、求索 …………………………………… 57
十六、革除教育弊政 ………………………… 62
十七、针锋相对 ……………………………… 65
十八、不惧土豪劣绅反攻倒算 ……………… 67

十　九、上海之行的重大收获………… 70
二　十、在成都宣传马克思主义………… 73
二十一、创办《中国青年》杂志………… 78
二十二、参与领导五卅运动………… 82
二十三、出任黄埔军校政治总教官………… 85
二十四、不仅仅是爱情………… 89
二十五、革命伴侣………… 92
二十六、筹建中央军校………… 95
二十七、中流击水………… 99
二十八、八一南昌起义………… 103
二十九、革命宣传的力量………… 106
三　十、让反动派心惊胆寒的《红旗》…… 110
三十一、身陷魔窟的猛士………… 114
三十二、留得豪情作楚囚………… 118

附录　恽代英生平年表………… 122

引 子

恽代英出身于书香门第,自幼酷爱听故事、读故事书,其中两部书中的两个故事让恽代英着迷:一个是女娲补天,扫除残害人类的害虫猛兽的故事;一个是马克思的《共产党宣言》中的"幽灵"的故事。这两个充满正义感的故事在他幼小的心灵中刻下了深深的印记,并且一直影响着他的成长,使成年后的恽代英成为著名的革命理论家、马克思主义理论的信仰者和传播者。

从中国的古典故事后羿射日、女娲补天、大禹治水,到德国马克思、恩格斯的《共产党宣言》《资本论》《家庭、私有制和国家的起源》,恽代英从相隔几千年、相距千万里的语言、文化、习俗都不相同的书本中和故事中,找到了某种内在的、本质的、无法分割开来的关联和承载。

从女娲补天创造一个让人类和平生存的世界所体现的大无畏浩然正气,到《共产党宣言》中马克思、恩格斯以其雄辩而尖锐的笔锋和深邃的思想,深刻阐述了资本主义制度的发展规律和其必然走向灭亡的趋势,以及无产阶级肩负的历史使命,恽代英沉浸其中,他不但接受了伟大的革命思想,而且为实践这一伟大的思想,献出了自己宝贵的生命。

恽代英的一生是伟大的一生,正如他的一首气贯长虹的诗中所写的:"我是宝剑,我是闪电,我愿劈向大地消失自我,我将让腐朽烧成灰烬。"

在学生时代恽代英积极参加革命活动，是武汉地区五四运动主要领导人之一。1921年，他积极传播新思想、新文化和马克思主义，面对残酷的斗争形势，他毅然决然地加入了中国共产党。他被选为中国社会主义青年团中央执行委员会委员、宣传部部长，创办和主编《中国青年》《红旗》，培养和影响了整整一代青年。

恽代英从事国共合作的统一战线工作期间，参与领导五卅运动；为了强化我党在军事人才培养上的领导地位，被党派到黄埔军校任政治主任教官和中共党团干事；国民政府迁往武汉后主持中央军事政治学校工作，任政治主任教官，同蒋介石、汪精卫背叛革命的行径进行了坚决斗争。

这样的践行，完全为了他崇高的共产主义理想，为了他坚定的马克思主义信仰，为人民的利益而奋斗的宗旨！

当年，凡信仰共产主义和马克思主义、为了人民的利益而斗争的勇士，都是反动势力所不能容忍的。恽代英是敌人切齿痛恨的共产党人。早在黄埔军校，恽代英便被国民党右派分子认为是"黄埔四凶"之一，因此把他作为重点防范和国共分裂后重点搜捕的对象。1930年5月6日，恽代英在上海被国民党当局逮捕。在狱中，恽代英面对敌人的威逼利诱，坚贞不屈。他想到的是：党的事业正处在困难的关头，群众在受难、在流血。为了让群众尽量少流血，我不能临阵脱逃。面对敌人血淋淋的屠刀，他义正词严：出卖灵魂，贪生怕死，贪图享受的，绝不是共产党人。只有国民党反动派和无耻的官僚政客才贪图私利和放纵私欲。共产党人面对已经完全背叛了中山先生制定的三大政策、代表大地主大资产阶级的利益、双手沾满了正义者鲜血的蒋介石，只有斗争到底！

英雄气贯长虹，血染大地，恽代英1931年4月29日被国民党反动派杀害于南京，时年36岁。

恽代英为人民的幸福和人民利益而奋斗的革命英雄主义精神，坚定的理想信念和崇高的人生境界，是中国共产党的骄傲，也是祖国的骄傲。他的事迹是进行共产主义理想教育最生动、最直接的教材；是引导人们深刻理解爱国主义的丰富内涵，激发爱国情怀，把英雄模范的崇高精神转化为努力工作的强大动力，为全面建设社会主义现代化国家、全面推进中华民族伟大复兴贡献一切的力量源泉！

满天星斗，用关爱的眼神俯瞰着大地。无产阶级革命家，中国共产党早期青年运动的领导人恽代英同志，就闪耀在群星中。他永远活在我们的心中。他的英名将永远镌刻在中国共产党的光辉史册和中华人民共和国的历史丰碑之上。

滔滔江河，巍巍昆仑，中国青年热爱的革命先烈恽代英同志英灵没有远去，他与老一辈无产阶级革命家们为之奋斗的红色政权，在磨难和洗礼中一定会坚如磐石稳若山岳；他崇高的理想情怀、忘我工作的热情、坚定不移的斗志、扎实朴素的作风、勇于牺牲的精神，以及他为共和国的奠基献出的忠诚，将永远成为一代又一代中国青年的楷模……

一、奇遇淡然先生

1895年8月12日，恽代英出生于湖北武昌一个小官僚家庭。

农历节气谷雨这天，天还未亮，湖北武昌老育婴堂街恽宅的年轻主妇陈葆云，就已经做好了全家人的饭菜。当窗外现出鱼肚白时，夫人低声朝屋里喊："代钧、代英，起床吃饭了，我要带着代英去赶会。"

丈夫恽爵三朝妻子说："瞧你像得了大元宝似的，起这么大早，外面的天气不冷啊？"

"瞧你说的，都谷雨了，春天啦。"陈葆云怕丈夫怪她，不让她去会上凑热闹，就笑笑回答，"今天是谷雨，儿子英儿就是谷雨这天怀上的，恰好今天西郊有谷雨会祭祀谷神，好热闹的，让我带着英儿一起去赶会，这叫双和呢！"

"谷雨谷雨，意思是播谷降雨，还有一个传说是仓颉造字，天雨谷，鬼夜哭，把仓颉造字这一天叫做谷雨。"恽爵三凑近妻子，"今天县府有公事会谈，要不，辛苦你自己带着孩子去吧。"

"你只管忙你的去……"夫人见丈夫没有劝阻，便一边催促丈夫洗漱，一边把饭菜端上饭桌。回转身时，恽代英已经穿好衣服跑过来，抱住了母亲的腿。几天前，他听母亲说起过谷雨会，因此心里早就打定了主意，到时一定要跟着母亲去赶会热闹热闹，便问："会上有卖画册的没有？"

母亲陈葆云回答："当然有，妈答应过要给你买一套新出版的《除暴安良》，所以今天到会上啊，这第一件事情就是买画册！"

"我要自己选。"恽代英兴奋地喝了一小碗干菜粥，再也不吃了，等着妈妈带他一起出发。

陈葆云喜欢这个爱读书的儿子，于是学着恽爵三方才的口气："再多吃点儿，瞧你像得了大元宝似的！"

恽代英告诉母亲："画册可比元宝稀罕多了。"

恽代英就要满5周岁了。由于受父母熏陶，他酷爱读书，因此得了个雅号——小书迷。他尤其喜爱那些描写匡扶正义、剪除邪恶的故事，看了后，一天到晚与小伙伴们说不完的包文正、岳飞、文天祥……

他们母子上路了。谷雨谷雨，还真就下起了小雨。

恽代英在潮湿的土路上一溜小跑着，随母亲来到郊外。这里好热闹，可谓人山人海，熙熙攘攘，摩肩接踵。他刚停住脚步，一眼望不到边的田野竟越来越阴晦下来，几团乌云阴沉地洒下密密的雨丝，开始还是沙沙沙的，接着就刷刷刷起来，纵情肆虐越下越大，近处的商铺，远处的土丘、小树林，还有那条干枯的小河，都笼罩在迷蒙的春雨之中。

母子俩加紧到商铺选了几本画册，用油纸包好，然后躲到一处古亭下，等着雨后回家。

谷雨会被冲散了，人潮渐渐散去，村野的土路一片泥泞，经过踩踏后留下了成串成串的泥坑。恽代英按捺不住性子，舒展双臂，跑到古亭檐下。

"英儿回来，要着凉的！"母亲制止道。

恽代英淘气地跳跃不止，一跺脚，便溅起无数的水珠儿。他听到呼喊，赶忙转身回到古亭里，坐在母亲身边。

母亲埋怨他，不该把衣服弄湿了，这样会着凉的。他却对母亲说："耕田的伯伯，怎么不怕着凉呢？"

古亭外的小树林边，是一马平川的农田，农田的那端依稀有春耕的农民，正赶着牛儿，弓着背，用力跋涉在泥水中。雨水早就浇透了耕夫和牛儿的脊梁，而雨儿依然哗哗地下个不停。

恽代英触景生情，吟诵道："雨足高田白，披蓑半夜耕。人牛力俱尽，东方殊未明。"

母亲聆听得清楚，这是唐朝诗人崔道融的一首五言诗，说的是大雨使得田地积满了雨水，半夜里农夫们披着蓑衣去耕田，人和牛都累得筋疲力尽了，而东方的天空还是黑沉沉的。诗人用深沉的语言描写了农夫们劳作的辛苦，对他们生活的艰辛，充满了深切的同情。

母亲问："英儿，你可懂得这一首唐诗的含义？"

英儿稚气地回答："我背诵的是古诗《田上》。只不过诗中描写的那是晚上，这里耕田的情景是白天。可同样是人牛力俱尽了。伯伯下着雨耕田，多么辛苦！"

母亲低下头去，发现恽代英的眼睛里竟然灌满了泪花。

忧思！和他的年龄太不相称了。母亲嘘出一口气。

恽代英喜欢古诗文，是他在父母身边耳濡目染、日积月累的结果。母亲陈葆云是湖南长沙人，出身名门望族，是湖北利川县知事的三女儿，自幼知书达礼、能诗能文。父亲恽爵三系"候补府经历"，断断续续地在湖北一些州县府做幕僚，常与同僚们谈古论今，故而对古诗文颇有研究。他们夫妻共同的爱好，自然渗透到了对于孩子们的启蒙教育。尤其这恽代英，在几个孩子中排行第二，但凡母亲教读唐诗、宋词时，他朗读几遍就能背诵。陈葆云因此也就顺势给他"吃偏饭"。这样一来，恽代英如鱼得水，小小年纪，一本《唐诗三百首》

差不多倒背如流了。

有一天论起家教，恽爵三道出了自己的看法，他提醒妻子：孩子还小，大人都觉得阅读古诗文艰涩难懂，更何况小小不过几岁的伢子，留心莫让孩子过于早熟。

陈葆云觉得丈夫所言有理，于是按照私塾的规矩，对孩子采取灌输的方式，诗词文章只求背诵，一概不用解意……

"好聪慧的孩子，这是谁家的伢伢？"

随着一声悠长的问询，从走廊一端转出一个身影来。陈葆云看时，原来是一位白髯长者。待走到近前，方见得这长者仪容清雅，大有儒士之风。他抱拳施礼，声音洪亮："这伢天资不凡，将来有出息，定是一位英才！"

听到如此赞叹自己的儿子，陈葆云有些不好意思，忙回话："老先生，多谢您夸奖。"

老者说："老朽方才廊下避雨，听这伢仔背诵诗句，抑扬顿挫。称奇的是这小小年纪的，竟然能神解其意，全然一副悲天悯人的样子。"

陈葆云回道："老先生，您这般说得，过夸了……"

老者轻捋胡须，抚摸一下恽代英："老朽办私塾，授学几十年间，颇多弟子，也见闻过大户人家的几岁伢仔，背诵得了唐诗宋词的，滚瓜烂熟的，数不胜数，但那不过是有口无心，囫囵吞枣咿呀学舌罢了，并不足为奇。而这伢仔……让老朽开眼了！"

陈葆云不由得对先生肃然敬仰起来，告诉老先生自家原籍在毗陵恽寓，并问老先生如何尊称。

"原来是恽夫人哪，老朽的晚辈就是贵宅对面会馆……"老人家快意地说，可话到半截儿又连忙打住了。

陈葆云明白，这老人家的后人说不定是一位人物，而老人并不愿显露其真实身份，所以欲言又止罢了。这时只听老人话锋一转，报出自己的书斋名号，他谦称"淡然斋"，自称淡然，陈葆云也就不便多问。

雨停息了，老先生微笑着，拉起恽代英的小手道别。

走出不远，老人家忽然又转过身来，留下了自己私塾的地址，说道:"日后求学,若是不嫌弃老朽学识肤浅,得以朝夕相处,也当是余生的一件快事了。"

古亭下只剩下了母子俩。恽代英望着淡然老者远去,呆呆地一直等到那背影消失在那片柳林之后,似乎心中依然不舍。他恍惚觉得,是上天让自己与这老先生有缘,故而在此邂逅。而老人那种和蔼和高深,亦让自己有似曾相识之感,一种神奇的力量让自己不期结识这样一位神秘的老先生……

陈葆云也想,这淡然先生是不是与自家英儿日后有缘呢,也未可知。当初代英祖父恽元复因候补知县到湖北,从此恽家从江苏武进迁徙到了武昌。恽元复满腹经纶,最擅长诗文和笔墨丹青,其作温静雅逸,为人更是超脱豁达,无论逢同僚朋友还是慕名远来的陌生人,但凡有求者,从不拒绝,且从不计较润笔费用。到恽代英降生时,恽家在武昌之地已经是枝繁叶茂、几十口人的大家庭了。

恽代英是在浓厚书香的氛围中一天一天长大的,他聪颖过人,被寄予了全家的厚望。

晚上,恽家一家人聚在客厅里拉家常,陈葆云坐在一边等待丈夫恽爵三归来。恽爵三因在县府内遇到了应酬,故而回来晚了些。

响起敲门声,恽爵三回来了。进屋后陈葆云一边为丈夫倒茶,一边对丈夫讲述在郊外遇到淡然先生的事情。

恽爵三听罢,惊讶不已,告诉妻子,那老先生就是淡然居士,可谓饱学之士,一位高人。不过,人们都知道他自称淡然,他却从不肯吐露真名实姓,于是街坊流传着关于他的一些传闻。有人说,老先生是本朝早年的进士出身,年轻时曾做过京官,是一位重臣;也有人说,由于淡然为人直爽,愤世嫉俗,便得罪了朝中那些赃官,险被加害。身处险境的淡然弃官迁徙到此地,已经隐居多年。也有的说老先生乃锦衣玉食之家,过够了繁华和喧嚣,才来到这个小镇,潜心于私塾讲学,乐享平淡生活。

陈葆云惊喜地问:"我们英儿,以后可以拜淡然老先生为师了?"

忽见恽代英把门帘一挑跑进来,扑到恽爵三怀里,切切地说:

"父亲母亲,我好想拜淡然先生为师,答应我吧。"

恽爵三故意逗儿子:"拜老师,你要说出为什么?"

恽代英正了正衣冠,然后拿过一帧配诗的画片,大声说道:"你瞧老先生,多像这画片上的老爷爷李白呀!李白五岁诵六甲,十岁读百家,是一位大学问家;淡然爷爷也是大学问家!"

一番话,引得恽爵三陈葆云夫妇开怀大笑起来……

二、贴在墙上的范文

恽宅门前的小银杏树在不知不觉中已有碗口般粗大,恽代英也已经6周岁了。

到了六龄的男孩儿,就该正式入学堂读书了。恽代英特意让母亲把书包做成两个兜儿,一个兜儿装课堂上使用的书,一个兜儿装课外阅读的书。他说,上课时读课堂上的书,下课后读课外的书,两不相误。他所说的课外书,指的是那些爱不释手的画册。

恽代英已经读过了好多的画册,日积月累,在同龄儿童中已经是个故事大王,能讲出好多的古典故事。后羿射日、女娲补天、大禹治水……他一概可以娓娓道来,简直是出神入化,绘声绘色,让几个堂兄堂弟常围在他身边,听得着迷。

淡然老先生得知恽代英到私塾读书的消息,异常高兴,他特意来到恽府造访,看望当初自己一见面就喜欢上了的小学童。

这天恽爵三恰好在家。

儿子拜师后,恽爵三欲盛情款待淡然先生,英儿也很兴奋,上前拉着淡然老先生,嘘寒问暖,高兴自己向老先生求学的日子终于来临了。

淡然先生没有留下,只说待日后学生学有所成之时,老朽自然会到府上叨扰。淡然在临走时送给即将入学的恽代英一套文房四宝,并叮嘱:"积土成山,风雨兴焉;积水成渊,蛟龙生焉;积善成德,而神明自得，圣心备焉。故不积跬步，无以至千里；不积小流，无以成江海。……锲而舍之，朽木不折；锲而不舍，金石可镂。此乃荀子劝学之言，天资聪慧，就越要刻苦向学。进了私塾后务须记好：功课不可有一日荒废，学业不可有一日停滞，惟其如此方为求学善道。"

这些亦文亦白的教诲，恽代英全部听懂了，恭敬地告诉老师："学生一定不负师之期冀！"

何谓私塾，私塾就是私学，是旧时代青少年读书受教育的场所。除义学外，一般都在地方或私人所办的学塾里。因此清代学塾发达，遍布城乡。塾师师资中，多有饱学之士，亦不乏遭遇非凡经历而弃尘世投身教育的达人。学生入学年龄不限。自五六岁至二十岁左右的都有，其中以十二三岁以下的居多。学生少则一二人，多则可达三四十人。

那时的教育形式，与今日的教育方式浑然不同。那时年幼儿童先识方块字，识读到千字左右后，便设课教读《三字经》《百家姓》《千字文》。也有直接教读"四书五经"的。教法大多为先教学生熟读背诵，然后在适当的时候由教师逐句讲解。除读书背诵外，有习字课，因当时的书写工具基本都是使用毛笔，所以从教师"扶手润字"开始，再描红，再写映本，进而临帖。

私塾在蒙养教育阶段，注重教养教育，强调蒙童养成良好的道德品质和生活习惯，对蒙童的行为礼节都有严格的具体规定。讲课时，先生正襟危坐，学生依次把书放在先生的桌上，然后侍立一旁，恭听先生圈点口哼，然后教学生复述，其后学生回到自己座位上去朗读。凡是规定朗读之书，学生须一律背诵。另外，私塾中体罚盛行，学生违反纪律或者功课完成不好，先生会揪住学生的脸皮和耳朵、打手心等，以示惩戒。

在淡然老先生的私塾里，没有这些陈规陋习。淡然从不简单粗暴体罚学生。老先生一向循循善诱，采用从学童中挑选优秀者作标杆，示范示学的方式，培养孩子们全心向学的习惯；同时，注重与家庭教育相互配合，融塾内塾外教育于一炉，相辅相成，相得益彰，深得恽爵三夫妇的钦佩。

光阴荏苒，转眼到了在私塾求学的第二年旧历年的年底。

这天天色将晚，恽爵三做完了所有的公事后，忽然想起了什么，便匆匆赶到私塾里单独拜见淡然先生。

天空飘着大雪，窗外雪花狂舞，淡然先生热情让座，端上一杯清茶。恽爵三有些不好意思地躬身施礼说："我是特意来向老先生道歉的，听说我家英儿在学塾孩子们中间有些传闻，不听老先生训诫……"

淡然先生闻听后，哈哈大笑，然后回道："是，是有这么回事。"

恽爵三不由紧张起来："莫非……"

淡然轻捋胡须："喝茶喝茶。我说是有这么回事，但是说起来，要从两件事情说起。"

恽爵三惊愕地瞪大眼睛，半天合不拢嘴。心想，若是恽代英不听恩师的话，一件事情都是不可饶恕的，更何况还有两件事情呢……

淡然先生明白他已经误会了，就告诉说："这是两件好事！这两件事情，是老朽教书生涯中，最值得夸口炫耀的好事！"

恽代英的父亲听如此说，但还是有些丈二和尚摸不着头脑。

原来事情是这样的——

由于所有的私塾教育，一直延续了《三字经》、《百家姓》、《千字文》、《论语》、四书五经、作八股文这一套施教内容，从来没有开设过算术、历史、地理、格致课目，所以知识覆盖面过窄，知识内容老化，与社会发展的要求出现了距离。

像淡然先生这样胸藏锦绣，熟知天文地理与政治发展的塾师，自然深刻意识到了问题的严重和迫切，深深担忧这样的教育非常不利于蒙童的成长求学。因此，淡然一直尝试给孩子们适量加入算学、历史、地理知识的课业。久而久之，江河日进，便顺理成章地讲起地理中天不是圆的、地球不是方的，陆地、海洋、列强、中国、鸦片战争，大有提倡新教育的意味。

然而，令淡然始料不及的事情出现了。

一连几天，孩子们总是窃窃私语，嘀嘀咕咕，围在恽代英身边。

他们稚气的心灵里都产生了一个大大的问号，很多难以理解的事情使得他们纠结不已。

不过，同学们是不敢贸然向老师提问的，都暗暗憋在心里。可恽代英却再也憋耐不住了。恽代英说："我们一定向老师讨教个明白！"

上早课，向先生恭恭敬敬行礼后，恽代英在座位上站起来，他大胆说出了自己的疑问：有铁甲舰的北洋水师，为何最终全军覆没？洋人侵犯了中国，为啥签订《马关条约》，还要割地赔款？贪官污吏为何卖国求荣？

淡然先生望着课堂上自己深为得意、脸上洋溢着正气的恽代英，面对一群尚不谙世事艰险的孩童，他当然不便直接揭露出晚清的沉疴病根，说出一个腐败的朝廷和腐败的军队，哪怕它装备多么精良，也是要打败仗的；一个没有政德没有正气的国家，一个斗志涣散的民族，贪生怕死卖国求荣，是官僚们唯一的选择；人为刀俎，我为鱼肉，生灵涂炭，倭寇掠夺，必是难以幸免的。

淡然先生可以公开对蒙童们解释的是：因为朝廷出了些卖国贼。这些卖国贼祸国殃民，为万代子孙唾骂。

淡然老师相信，还有很多一时尚且不便直说的道理，这些孩子们以后会在风雨岁月中慢慢懂得。而恽代英通过这件事，动脑筋思考，主动向老师寻求答案，让所有的孩子，包括比他年龄大学龄长的孩子们，在心目中产生了钦佩感。从此恽代英成了孩子们的中心角色，只要恽代英做的事情，大家都愿意去做。

另一件事是——

淡然先生教读"三百千"的阶段，为拓展孩子们的想像力，穿插讲读了《诗经》中的《国风·采蘩》——

于以采蘩？于沼于沚。于以用之？公侯之事。
于以采蘩？于涧之中。于以用之？公侯之宫。
被之僮僮，夙夜在公。被之祁祁，薄言还归。

这段古诗的大意是：到哪里去采白蒿？在沼泽旁和沙洲。白蒿采来做什么？公侯拿去祭祖先。到哪里去采白蒿？在那深涧峡谷中。白蒿采来做什么？公侯家里用。他们干活多尽心，从早到晚去侍奉。他们干活很谨慎，不敢轻易地回家门。

这首诗描写的是女奴劳动的场面。女奴们从河边、塘边到大山深谷，跋山涉水，不分昼夜，从来都不敢说回家休息，表现了古代妇女的艰苦生活，读之令人备感辛酸。

恽代英听罢先生的讲解有感而发，写出了一段近乎顺口溜的诗作。大意是：到哪里去锄地？到禾田。锄禾干什么？为了给财主交租。到哪里去锄禾？到烈日下。锄禾干什么，为了向官府完钱粮。他们千辛万苦干农活，下雨刮风都不敢回家休息。

"瞧，老朽已经把这伢仔的处女作当做范文，贴到了学堂墙壁上啦。要让孩子们学而效之，小小年纪就懂得不刻板地去死读书，而是有感想，有情怀……"

淡然老先生讲到这里，已然是激动不已。

三、播 火

同学之中有一位叫卢丹朗，他几天来一直不理恽代英。

卢丹朗喜欢蹴鞠，其状态之痴迷，无人可比。"书痴"恽代英则偏爱读书。卢丹朗狂热"运动"时，恽代英却在痴迷地"吃书"。从体魄上看，卢丹朗自然也更胜一筹。那天，众目睽睽的一场蹴鞠赛，结果竟然完全出乎卢丹朗的意料，本以为必胜无疑稳操胜券的他以零比三输给了恽代英，引得好多同学起哄喝倒彩。

恽代英说："你蹴鞠用的是蛮力，我蹴鞠用的是巧力，所以你力气大并不一定会赢我。"

卢丹朗觉得丢了面子，心中郁闷起来，走路总是离恽代英远远的。

这天天气晴朗了，放学后他主动跑到了恽代英面前："代英，你咋不理我？"

恽代英停住了脚步，回答："卢丹朗，我没有不理你呀，是你顾不上跟我说话！"

卢丹朗从鼓囊囊的书包里掏出一盒大麻花："给，这是给你的，我舅舅从天津带回来的特产！"

恽代英推辞，不予接受。卢丹朗急切地举到他面前："我送给你的，我们是朋友，朋友送给朋友的礼物！"

恽代英认真地说："授礼不好，受礼更不好。先贤有言，君子之交淡若水，小人之交甘若醴。我们应该向先贤们学习，你留着自己吃吧。"

"先贤？"卢丹朗不解地对着恽代英。

恽代英说，我们老家江苏有个苏州，明代有一位受百姓尊敬的清官况钟，苏州人民称他况青天，况钟在苏州任内，勤于政事，忠于职守，除奸革弊，为民办事，深得苏州人民的爱戴。宣德六年，况钟的母亲死了，他回靖安原籍守丧，这一去要三年孝满才能出来做官。于是苏州二千多人"请求夺情起复"。苏州人民还编了首歌谣：况太守，民父母，众怀思，因去后。愿复来，养田叟。朝廷接受了民意，下旨况钟缩短守孝期，重回苏州做官。

况钟任苏州知府已9年，要赴北京考绩，朝见皇帝。地方官进京朝见，一般都要带搜刮来的金银珍宝，名产土仪，遍送京城里的势宦权贵，而况钟进京朝见，却两袖清风，不带一锱一铢。他赴京临行时，作诗和前来饯行的苏州人民告别："清风两袖去朝天，不带江南一寸绵。惭愧士民相饯送，马前洒酒注如泉。"况钟赴京后，因任期满要升官。苏州父老又上书挽留，要求况钟再次回苏州，明英宗接受苍生百姓们的请求，升了况钟的官，赐正三品，但仍回苏州做知府。

卢丹朗只好收起礼品，说："不欲不贪，两袖清风，一身正气，这样的好官就是先贤。我明白了，我们应该学之，自小就要学会做好人，做好事，不做贪欲之徒，不做猪狗不如的贪官污吏！不过……我也读了孔子的'知之为知之，不知为不知，是知也'，觉得不如你就应该向你学习，而不是妒忌你。我蹴鞠、写文章都不如你。你作文都是甲，可我作文顶好也不过是丙，求你告诉我有什么秘诀。"

恽代英哈哈大笑，说："没有秘诀。多读书，多动脑子，自然就能写出好文章。"

从此卢丹朗与恽代英成了最要好的好朋友。1909年，恽代英的父亲恽爵三到鄂西北重镇老河口盐课局任职。恽代英跟随家人行水路溯江而上，告别了武昌。卢丹朗跑步沿岸送行，一直到帆影远去，才洒泪而归。

水浪翻卷兮，路漫漫其修远兮……

恽代英站在船舷之上，极目望去，青山绿水，姹紫嫣红，一派怡人景色。回眸渐渐模糊了的武昌，不禁浮想联翩。恽代英神色忧郁，怀想多少古圣往事，不由吟道："出师未捷身先死，长使英雄泪满襟。"

此诗句是诗人杜甫凭吊蜀相诸葛孔明的。中国历史上著名政治家、军事家、发明家病逝军中，可望奏凯而未奏凯，竟把"兴汉讨贼"的艰难事业丢在身后，引起后人无限感慨。

陈葆云女士把这些看在眼里，她已经意识到，恽代英感慨的不仅仅是古人，他还心系着国家，没有忘记淡然恩师多次讲过的鸦片战争、甲午战争、社会的不公和动荡、富人的贪婪和百姓的苦难……

外面风凉，母亲几次唤他回到船舱里，恽代英依然沉浸在绵绵思绪之中。沿岸都是百姓艰辛生活的情景：破衣烂衫的车夫，披星戴月的农夫，风雨不停的渔夫，还有成群结队的难民。

船至中途，出现了一队与自己年龄一般大的童工，他们孱弱的身板扛着沉重的麻袋，被压弯了腰。后面挥舞鞭子的工头像赶牛马那样驱赶他们，朝着工厂的大门口移动。有个童工摔倒了，狗腿子不问青红皂白，一顿毒打，一直到他昏死过去才罢手。

沿江外国租界林立，耀武扬威的外国军舰横冲直撞，外国人凌辱中国人，与数年前八国联军攻占北京后，烧杀掳掠、无恶不作的情景并无二致。

恽代英紧锁双眉，认为罪恶的社会必须改变，这样的想法已经在他心中播下了火种。

到达老河口，这里是牛郎织女神话传说发源地，是春秋名将伍子胥故里，是汉代丞相萧何的封地，是北宋文豪欧阳修治所，曾经有过多少豪杰名士和美丽传说。14岁的恽代英，顿时觉得周围一切都是新鲜的，不免有一种说不出的快乐。

老河口没有学校，恽代英只好在母亲的管教下自学家中藏书。这倒也有意想不到的好处，可以不受限制地博览群书，纵情在知识的海洋里遨游。他还拜父亲的一位朋友为师，跟着学习英语，并阅读西方文学作品。很快，他就能以英汉两种文字书写日记了。他对母亲说，就当我用两种语言来练笔吧。

这时的陈葆云女士，已经乐得专心致志地实施自己制定的家教计划，为恽代钧、恽代英、恽代兴、恽代贤兄弟四人分别制定了不同的学习教案。恽代钧、恽代兴的受学重点为学校常用的国学课目，恽代贤的受学重点为四体书法；其中她最为关注的是恽代英。母亲深知英儿博览群书，思路开阔，喜欢思考，特别为他开列了能体现中国传统文化精神的典籍。

恽代英按照母亲的要求，潜心细读了清代辞官归家的文人宋宗元所著的"正经"文卷，感到一股清新的正气弥漫在书卷之中，他爱不释手，为之陶醉，小小年纪的恽代英正是从这些古代经典中汲取了做人处事的道理，为他日后的人生道路打下了坚实的基础。

四、两个年轻人

1911年8月12日，是恽代英16岁的生日。

陈葆云理解儿子，知道儿子喜欢什么样的生日礼物。在这一天，她起大早赶去几里外的文具坊，特意制作了一册大笔记本，送与恽代英。

"母亲，太棒了，我还没有见过这般做工讲究的册子呢！"恽代英小心翼翼地打开用洁白的玉扣纸装帧而成、用牛皮做成封面、扉页上画着鲲鹏展翅淡墨写意的生日礼物，一遍一遍地抚摸着，真是爱不释手。他随即拿起笔，蘸上墨，在上面工工整整地书写下了这样一段格言："天将降大任于是人也，必先苦其心志，劳其筋骨，饿其体肤，空乏其身，行拂乱其所为，所以动心忍性，曾益其所不能。"

母亲明白，英儿这是以圣人的格言来勉励自己，学习圣人们的言和行呀。她充满爱意地望着儿子，心中有说不出的甜美和欣慰。

在恽代英的心目中，书本就是一杯美酒，闻之满是清香，用之令人陶醉。他按照古代先贤们读书的经验，严格做到：眼到、口到、心到、手到。这"手到"就是读书笔记。他还在墙上画了一个大大的惊叹号，意思是提醒自己随时把心得记录在笔记中，并在每页的书眉上抄下一些名言警句，如"博学之，审问之，慎思之，明辨之，笃行之"；"先天下之忧而忧，后天下之乐而乐"；"宁为穷苦百姓雪中送炭，不为富豪权贵锦上添花"；"得民心者得天下，为少数人牟利益者必遭唾骂"等。

恽爵三看到恽代英的笔记心得中，字字句句充满对国家前途命运的思考，段段落落流露出对黎民苍生的悲悯及对社会的关注和担忧，即刻明白了自己的儿子，懂得了蕴藏在儿子的骨子里、流淌在儿子的血液里的，是一时尚不可言明的志向。事实会证明，他必将是一个不可碌碌无为、不屑贪图安逸和鄙夷只为追求自己享受的人。这位洞明世事的父亲已经大彻大悟，自己是不可能左右儿子未来的追求和走向的。既然不是池中物，那就任他去飞翔吧；既然是雄鹰，就应该有他自己的翅膀和方向。

自此，恽爵三心照不宣，更加呵护备至地关照着儿子，只要见到有关重大社会事件的报刊，甚至发现处于思想前沿的进步书籍，他都会及时买回来给恽代英，而恽代英也深深地感悟到了父亲的关爱和用意……

恽代英常对父亲表达自己修学的同时必须养性，也就是说走向社会后要做正直的人。他认为，假如一个人，满腹经纶，侃侃而谈，口若悬河，滔滔不绝，却是一个光说不做的人，甚至做起事来是另外一个样子，那么，他就是一个名不副实的人。这种口是心非的人，小则不过是小人，大则必定是政客！一个小人，无非是为害一人一身或者一地；而一个说一套做一套的政客，一旦得势，他的行为必将会危害社会和国家，成为人民的祸害。

时年，鄂西大旱。襄阳、荆州、宜昌、十堰、荆门、随州、恩施等地，三个月没有下过透雨。秋来，老百姓的庄稼只落得三成收成，因此武昌附近的农民不得不外出打工。有的打工汉闯荡漂泊，累死累活地挣回几个血汗钱，却遭遇车匪路霸、无赖混混，不是被洗掠一空，就是被不明不白地打死；也有的因不能还清欠租，被地主恶霸活活打死打残。

一时间，各种悲惨恐怖的消息到处疯传，深深地刺激了恽代英的同情心。恽代英连日奔波，与农家同学们组织起来，自动到田间地头给农民讲人多力量大的道理，鼓动农民结伙打工，合起伙对付地主老财，将以不变应万变作为斗争策略。

事情果然奏效，不久便引发了数起农民群体抗租，还有的地方组成了农民自卫队，为老百姓出了恶气。

恽代英乐善好施，柔肠侠骨，他豪爽地帮助一位萍水相逢的落魄青年。患难中，他们结成了志向相同的朋友。这位青年就是后来大名鼎鼎的董亦湘。

事情发生在一个大雨滂沱的日子，大街上空荡荡的。恽代英擎着油纸伞，出现在空旷的巷道上，他要到三家巷去找一位同学。突然，身后扑通的一声，似乎有什么物体栽倒了。他连忙扭过头，却望见一位穿长衫、蓬头垢面的落魄书生，摔倒在了邮政局的墙角处。

恽代英快步跑过去，扶起那位书生，急切地问："这位朋友，请问你怎么啦？"

"我叫董亦湘……江苏武、武进人……"书生有气无力地回答。

恽代英发现他脸色苍灰，嘴唇发白，一定是饿倒了，赶忙从布袋里掏出早上母亲为自己准备的行路干粮，送到书生的嘴里。

书生渐渐恢复了一些气力，便也顾不得许多，抓着干粮狼吞虎咽起来。

恽代英拉住书生的手："董亦湘，我的老家也是武进啊。"

董亦湘也握住了恽代英的手："同乡见同乡，泪满两眼眶！实不相瞒，自从离开武进后，已经有三天没吃东西了，只在路边捡到半截儿萝卜……"

这董亦湘原名彦标，又名桩寿，号亦湘，字叔桐，出生于武进一个农家。由于他天资聪明，勤奋好学，19岁时即任塾师。其胸有宏图，怀有强烈的爱国热忱，将"大丈夫以身许国，好男儿志在四方"的誓言刻于笔筒，置于案头，激励自己。到后来五四运动时期，他已是名声显赫，不但自学英语、俄语，阅读马列著作、研究社会主义学说，且投身时代洪流，向社会传播真理。1922年初，他加入中国共产党，真正成为无产阶级战士，后来担任中共上海商务印书馆第一任党支部书记、中共上海地方兼区执行委员会国民运动会委员等职，并在上海大学社会系任教；其间，他先后介绍了陈云、张闻天等人入党，同年创建中共无锡第一个党支部。

雨渐渐停了。在攀谈中，董亦湘得知恽代英祖籍在江苏武进小河镇石桥，出生地在武昌，不由心中大喜，说起话来更加心音相投。他告诉恽代英这一年江苏大旱，武进地界池塘干涸，田地绝收。穷苦百姓因为没有打下粮食，没有办法向财主交够租子。而那些地主老财，与官府勾结，趁机盘剥乡民，搜刮民财，花天酒地，强男霸女。最悲惨的是有一家人逃荒，年轻俊俏的媳妇被恶霸地主盯上，地主老财指使狗腿子把那女子掠至后宅大院，逼做性奴。怒不可遏的丈夫赶来讨说法，地主老财却恶狠狠地骂道："穷根穷命的穷鬼，既然没钱没米抵租，就用你媳妇抵债，天经地义。快给我滚蛋！"那女子的丈夫抵死反抗，最后被打断胳膊丢到荒郊野外。

这事后来告到了当地官府。可是虽然光天化日，朗朗乾坤，官府却不过是富人的官府，衙门也不过是富人的衙门，衙役是富人的走狗而已。狗官与土豪黑帮勾结，专门欺压穷人。就在一天夜里，几个狗腿子闯入院内，不由分说把那丈夫捆绑起来弄到野外，塞进一口枯井里。后来那女子悲愤至极，撞柱而死。

恽代英听罢，沉默良久，方说："亦湘，为什么天下穷人总是受穷挨饿被欺负，因为老百姓没权没势。为什么老百姓没权没势呢？就是因为老百姓们都很穷，因为穷就交不起昂贵的学费、上不起学，不上学所以没有文化，没有文化就做不了官，因此，只能由有钱人来做官，主宰这个丑恶的世界。天下乌鸦一般黑，有钱的人做了官，怎么肯为百姓办事情？这样循环反复，富人愈富，穷人永远穷，一辈接一辈，就是拔不掉这个穷根！"

"对，说得太对了。正是因为富人统治了世界，所以几千年来的社会都是剥削有理、压迫有理，老百姓没理！"

恽代英与董亦湘俩人越说越投机。当得知董亦湘在家人和亲戚的支持下，读了几年私塾后，就再也撑不下去了，他决定在乡下办学，办一个属于穷人的学校，让更多穷人家的孩子进校读书识字，接受教育。这次到老河口，是企望让一位在外做生意的亲友资助办学而来，可没成想此行得到的却是噩耗，那位亲友在三个月前已经因病去世，一家人也不知道去了何方。恽代英于是决定帮助董亦湘想办法。

在老河口的几年，恽代英一家的经济还算宽裕，父亲每个月给他们弟兄几个一些零用钱，而恽代英除去买新书，总是精打细算结存下一些。这次没多有少，也算能为董亦湘派上一些用场——恽代英拿定主意，回家面见母亲，向母亲说明了自己的主意。

陈葆云特别喜爱知书上进的孩子，见自己的儿子结识了这样一位优秀的青年，感到非常欣慰，便爽快地同意了恽代英的资助计划。不单是恽代英自己积攒的钱，母亲还拿出来平日里节省下来的膳食费，全部资助董亦湘办学……

从此，恽代英常与董亦湘书信往来。他们不但谈论农村农民农事，谈论办学进展情况，还时常寄去一些报刊书籍，帮助董亦湘了解外面的世界，了解外国的巴尔扎克、莎士比亚，以及伏尔泰、孟德斯鸠、卢梭、狄德罗等一大批思想开明的人物……

五、憧憬武汉

1911年10月10日，辛亥革命武昌起义爆发。

这是一场旨在推翻清朝封建专制统治的兵变，是继广州黄花岗起义失败后，以文学社和共进会为主的革命党人，决定把目标转向长江流域，在以武汉为中心的两湖地区发动的一次新的武装起义。

消息传到老河口。

年轻的恽代英彻夜难眠。他看过很多关于法国大革命的书，因此热切盼望中国，也同样爆发像法国那样最伟大、最激烈的革命，让国家呈现一个"青春、热情、自豪、慷慨、真诚"的社会；在法律上人人平等，不能容许因为财富而拥有特权，不能容许官僚把法律作为敛财的工具，不能容许既得利益集团垄断立法权。

他的耳畔回荡着莱茵河汹涌翻滚的波涛声、巴黎教堂摄人心魄的钟鸣声、攻克象征封建统治的巴士底狱的喊杀声和枪炮声。他的脑海里交相浮现巴黎市民声势浩大的示威游行队伍、手执武器的人群、攻占了的一个又一个的阵地、巴黎市区起义者构筑的重重街垒……

遥望窗外深邃的苍穹，恽代英兴奋不已地喊道："朱门酒肉臭，路有冻死骨。从武昌到老河口，两岸百姓穷苦不堪，他们的遭遇令人发指。而权贵们不劳而获，富人们为了私利可以不拿百姓的身家性命当回事，害死了无数的百姓，官府却与其狼狈为奸，听之任之。让我们也迎来一场类似法国那样全新的变革，接受暴风雨的洗礼吧！"

恽代英向往革命，他想象中的故乡武汉在经历了大革命的风雨洗礼之后，一定会精神焕发，呈现出全新的气象。他很想回故乡去，有可能的话他还想亲身投入到令人心驰神往、热血沸腾的具有划时代意义的革命洪流中去。

然而，他又有些纠结。兵荒马乱，匪患频仍，父母和几个兄弟的安全，令他担忧。不说别的，单就他们住的地方，在老河口也是个引人瞩目的所在。矗立在那一大片老百姓茅屋土房中的青砖大瓦房，宛如鹤立鸡群，几乎成了标志性建筑——那是老河口最大的税收机关。

恽代英按捺不住心情，便独自走到大街上观察动向。只见到处冷冷清清的，家家关门，户户上锁，老河口成了一座死城。他想，这时的有钱人已经远走他乡，穷人都逃难到处流浪，如果发生不测，税务机关是首当其冲之地。一旦遭遇战火的威胁，有自己在身边，就是不能真正起到保护一家人的作用，至少也是个帮手啊！

恽代英只好焦急地关注着事态的进展。

忽然有消息传来。先是说光复汉阳和汉口。起义军掌控武汉三镇后，湖北军政府成立，改国号为中华民国，并号召各省民众起义响应。几天后事态告急，清政府疯狂反扑，以随荫昌赴湖北的陆军第四镇和第二镇的混成第三协、第六镇的混成十一协为第一军，荫昌为军统（也称总统）；以陆军第五镇、第三镇的混成第五协、第二十镇的混成第三十九协为第二军，冯国璋为军统；以禁卫军和陆军第一镇为第三军，载涛为军统，三军迅速向汉口附近集结。

接着传来了新的风声，湖北军政府扫荡汉口敌军，然后向北推进，以阻止清军南下，结果前后战斗41天，汉阳失陷。

革命军虽然最后失利，但此时清政府已经无力有效地控制和镇压各省起义，反而促进了革命军和革命力量在全国范围内的迅速发酵和发展。统治中国近三百年的清王朝土崩瓦解。

在动荡不安的气氛中，恽代英陪伴着父母，照顾着几个兄弟们，一边为一家老小守夜，一边在明明暗暗的灯光下读书写文章，等待回武昌的时机。

夜深人静，母亲几次催他休息，他都回答："睡不着。"

母亲问他为什么，他说邻村有一位大嫂的丈夫是革命党人，战死了。

母亲跟着叹口气，说是啊，战火连天的，命不值钱，死个人就那么容易，就像一盏灯，说灭就灭了。

恽代英黯然神伤，悲悼不已，感慨地说："那是壮士为国捐躯，为了一个民族的命运，献出了自己的生命。"

母亲望着他怆然的神情，没有搭话，只是静坐一旁，陪着儿子。

恽代英沉思良久，告诉母亲说，自己心中的忧伤并不是为战死者，效命疆场马革裹尸，是男儿的骄傲，可是那位失去丈夫的大嫂，在胜利来临之前，还要承受这样的煎熬和打击。

母亲轻轻地抚摸着他的头："好孩子，我们不想这么多了。"

恽代英继续说："干大事情，就必然有牺牲的。"

恽代英像是问自己："复辟势力疯狂杀人，到处抓人。他们害怕百姓起来，凡是造反的人，他们一律逮捕。他们就不懂得压迫愈甚，反抗愈烈这个道理吗？"

其实关于这个问题，是有现成答案的，而且是毋庸置疑的答案。事实已经斩钉截铁地告诉了天下所有的人，封建残余、反动势力们，为了维护少数人的利益，为了奴役人民、压迫人民、掠夺人民，总是千方百计剥夺人民说话的权利，不允许人民与他们争辩真理，不允许人民鸣放自己的心声，当然就更不允许人民维护自己的利益，因此，没有许多人用鲜血警醒社会，就无法推动历史的变革与进步！

这一夜，他再也没有合上眼睛。他坐到桌前挥笔一气呵成，作出了一篇悲壮泣血的祭文，准备第二天趁着黎明，到猛士的坟前祭奠一番，以自己的心声告慰战死者；然后又铺开纸张，针对社会革命形势的发展，写出了一篇《敢为天下先，匹夫有之责》的长篇文稿，来表达他的新思想、新理念。

恽代英将自己的文章让母亲过目后，遂寄往《东方杂志》。这家由商务印书馆创办、我国期刊史上首屈一指的大型综合性杂志，是名人发表作品的园地。梁启超、蔡元培、严复、鲁迅、陈独秀等著名思想家、作家都在该刊发表过著述和学说，后来为马克思主义在中国的传播和发展营造了一个坚定的话语平台。

不久恽代英收到了主编杜亚泉先生的回复，回信称呼恽代英为"尊敬的先生"。因为杜亚泉主编尚不知道恽代英不过是一位学子新秀，以为他是已经富有成就的新思想学者，信中热情洋溢地赞颂了他的爱国热情，肯定了他独特的视角和敏锐思考，并且提出了商榷的论点。从此，恽代英的文章一发而不可收，陆续刊登在《东方杂志》《新青年》《端风》《青年进步》等刊物上，在思想界崭露头角。

待到时局渐渐稳定下来，武汉新政府成立，老河口派遣来了新的税官，恽爵三丢了差事。恽代英建议父亲还是回武昌去，武昌的新形势，一定是老河口所无法可比的。

恽爵三同意了。他相信一家人回到故乡，在那里与亲人们团聚，血脉相连，更能如鱼得水。

在丝丝细雨中，恽家预订了船票，决定举家回迁，重返武汉。

恽代英抑制不住内心的激动，跑前跑后忙活了大半天，帮助把一切收拾妥当后，他跟母亲商量给弟兄几个把辫子剪去，以全新的面貌去挑战新的生活。

母亲爽快地答应了。恽代英带着剪除了辫子的弟兄三个，齐刷刷地站立在院子中央，决心以革命者的姿态，回到武昌……

六、崭露头角

涵三宫街1号一幢不起眼的青砖住宅里，住进了恽代英一家人。

戴着细丝眼镜、显得文质彬彬的恽代英，在这里结识了很多好朋友，往来的还有堂兄堂弟们；因此，恽宅的年轻人进进出出，络绎不绝。

在这里，恽代英见识到了许多革命的新生事物，比如废除女人缠足，废除叩拜、作揖、请安、打千、拱手等旧礼，废除旧式婚丧的落后习俗，同时取缔买卖人口及卖身契约、反对卖淫纳妾、不苛待佣工等，人们开始对国事政事发生兴趣。

恽代英更加成熟了。他热情参加社会活动，投入各种新兴的运动。恽爵三与妻子商量，待经济稍稍好转了，换套大些的宅院，供儿子开展活动使用。但是，恽代英不想增加父母的负担，他把心思全部放在了求学和交往上,争取有朝一日依靠自己的努力改善条件。

冬去春往,不知不觉地到了夏日时节。

就在前几天,他参加了武昌中华大学的考试,校务处的公告是周五发通知,今天恰好是周五。恽代英尽管对于自己的成绩充满自信,但求学若渴的他还是恨不得马上拿到正式的录取通知才放心。

报考的那天还曾经发生了一段故事。

他在校园接待室刚投下自己的简历,转身准备离去,就听背后有人轻轻道:

"学子,请留步。"

那是一位老者,一位神态慈祥、清雅飘逸的先生。恽代英觉得他是那样亲切而面熟。

"请问,你是恽代英恽子毅学子吧?"

子毅是恽代英的字。"莫非,莫非……"恽代英望着这位似曾相识的先生,不由思绪翻卷,浮想联翩起来。

先生手里捧着恽代英方才投下的简历,似乎特意为了让他听得明白而把语音放得很慢,一字一句地说:

"是这样的,家父在世时,曾经着意嘱咐过,如果哪一天遇到一位名叫恽子毅的学子,我们一定要给予特别关照。今天在这里不期而遇,总算了却了一件心事。子毅同学,中华大学欢迎你!"

"是淡然老人,我的恩师!"恽代英恍然大悟起来。

"是的,那是家父,家父已于半年前仙逝。按照家父的嘱咐,你就不必应试了。本校校长是老朽的长子,因为校务,他于昨天进京去了,他得知恽府一干人等归来故乡的消息很是高兴,特意让老朽在此恭候子毅。"

好久不见的淡然恩师,不想上次一别竟是永诀。恽代英不由百感交集,怆然泪下。

但是,他拜别先生,并婉谢了这位先生的好意。

他表示,自己一定要参加考试,只有靠自己的真才实学考出实实在在的成绩走进校堂,才是对恩师的最好告慰。他相信,淡然恩师一定在天上望着他，对他寄予期许……

"恽代英！"邮差来了，"入学通知书！"

恽代英急忙把入学通知捧在手中，禁不住热泪盈眶。

他觉得自己仿佛捧着的是淡然先生的不倦教诲，仿佛自己已经回到了恩师的讲堂，沐浴在智慧老人的关怀里。他豁然间产生出一种醍醐灌顶的感觉，原来自己的每一个进步，都和童年的成长与恩师的启蒙，有着无法解开的牵连啊！

不久，他来到淡然墓前，恭恭敬敬地磕了三个头，献上一束鲜花，并把自己考入大学的喜讯报告给九泉之下的恩师。

倾注了淡然先生平生夙愿的私立武昌中华大学，是中国第一所不靠政府和外国人而独立创办的大学，是以中国古代兴办私学的教育传统和近代大学体制相结合，开创出的符合中国国情的高等教育学府。

大学院内花木扶疏，苍松翠柏，处处生机盎然，那一草一木、一枝一叶，浸润的都是淡然先师的心血。

在私立武昌中华大学，恽代英好似长鲸吸纳百川，如饥似渴地汲取各种新知的滋养。在第一年考入大学预科后，第二年进入文科哲学门（哲学系）学习，他出色的表现闻名校内外，为校长所器重。

恽代英擅长英文，后来又自学了德文和日文，能够翻译英、德、日三种外文的书籍。院校特意安排他在论坛做学问讲演，并请其以三国语言即兴解答大家的提问，他精彩风趣的语言风格，博得了台下众口一词的赞许声。曾经与恽代英有过一段师生之谊的李镜涵，提起恽代英，拍案叫绝："此子真乃奇男子，如不成器，当剜吾目，以不识人也！"

大学生活不过是人生航程中的一个节点，社会才是真正的大课堂。在这里，恽代英更加活跃起来，他发动学生骨干，开办"校园研讨会"活动，关注社会问题，点燃大家的爱国热情，实践着他人生的追求和信仰。

1914年，第一次世界大战爆发。战争与灾难，成为校园研讨会关注的焦点，大家收集有关消息，讨论资本主义政治经济发展不平衡性和帝国主义之间矛盾的破坏性，分析这场破坏性列历史之最的战火，给曾经在甲午之战中遭受创伤尚未恢复元气的中国带来的将是什么。

他们得到的是坏消息。第一次世界大战的战火焚烧了大半个地球，波及全世界，约占当时世界人口总数的75%的人无法幸免于难，人类受到重创。此时，日本再次把魔爪伸向已经惨遭重创的中国，借口对德宣战，接连占领青岛及胶济铁路，并控制整个胶东半岛。

还有更坏的消息，袁世凯假以韬光养晦之名，同日本签订了丧权辱国的"二十一条"。这位独夫民贼的所作所为，激起了全国大规模的反日浪潮。

"同学们，向袁贼讨还公道！"恽代英与同学们结伴走上街头，参加声势浩大的讨袁游行。他发布讨袁檄文。声情并茂的演讲，顿时吸引了很多的听众，整个街道上人头攒动，势如排山倒海。在互动中，老百姓问道：我们也有军队，有洋枪洋炮，我们国家的军队数量众多，为什么打不过倭寇，政府为什么对洋人唯唯诺诺使国家蒙受奇耻大辱？

恽代英走上台阶，慷慨陈词：

"我们的河山屡遭涂炭，我们的国家丢尽脸面，我们的人民饱受欺辱，我们的百姓民不聊生，我们的同胞发出最后的吼声……"

人们沉静下来。

"为什么从鸦片战争，到甲午战争，到世界大战，承受灾难，遭宰割的都是中华民族，都是我炎黄子孙，无情的现实已经给出了答案！"

"讲得好，讲得痛快，接着讲！"

恽代英振臂一挥，继续演讲："天还是老祖宗留给我们的天，地还是老祖宗留给我们的地。可是，炎黄子孙中，有的人已经变坏了，为了家族私利和集团私利，不惜出卖民族利益，不惜祸国殃民。这个国家已经沉疴入骨！昏庸腐败的官府，声色犬马的官员，他们醉生梦死，哪里还会关心我们的国家？哪有还能记得民痛国殇？他们唯一做到的事情就是迷失信仰，丧失斗志，因而风气日下，国将不国，导致了一场彻头彻尾的大浩劫！因为只有这样，才能实现他们唯一的目的，塞满他们自己的腰包。我们再也不能指望腐败政权和那些披着各种外衣的流氓政客了！"

"团结起来，坚决斗争！"

人群中的呐喊此起彼伏，令人激荡不已。

"对！我们要团结起来，自强自立，共同斗争！内除奸邪，外御强贼！这是所有炎黄同胞的使命……"恽代英热血沸汤，被欢呼的人群举起在空中。

不久，恽代英得到消息，陈独秀主办的《青年杂志》在上海创刊，他收到了陈独秀热情的约稿函。

这一夜，恽代英通宵未眠，黎明时成文，并找来学友冼震，把自己脱稿后的文章分段读给他听，冼震评价为"简直如闻鼓角之声"。

恽代英说："高举科学、民主的旗帜，以战斗的精神横扫封建主义、官僚主义、享乐主义阴霾。对强加在中国人头上的枷锁，坚决进行斗争，彻底砸碎它，以迎来一场前无古人的新文化运动，实现中华民族的伟大振兴！"

冼震被恽代英的激情感染了，兴奋地说："我们身边有很多这样的青年学子啊，他们自觉接受新思潮的洗礼，游行示威，参与政治活动，反抗腐败政府，他们的身上何尝不是体现了很强的战斗精神！"

恽代英拉住好友的手，一起走到窗前："我们为有这样的同胞而欢欣，参加救国救民运动，文化阵地是我们最直接的平台，新文化是我们手中的利器，我们要利用这个平台把大家紧密联系在一起，营造足以引起震撼的声势……"

恽代英的文章很快发表了，霎时引起了强烈的社会反响，也引起了反动派的注意。

七、崇尚德先生和赛先生

"德先生和赛先生"是对民主和科学的一个形象称呼，也是中国新文化运动期间的两面旗帜。其中"德先生"即"Democracy"，意为"民主";"赛先生"即"Science",意为"科学"。陈独秀解读说:"我们现在认定只有这两位先生,可以救治中国政治上、道德学术上、思想上一切的黑暗。"

"民主和科学"这一口号把斗争矛头直指封建专制的理论支柱儒家思想,宣扬科学,反对封建迷信和愚昧。直至1919年爆发五四运动,热血青年高举民主、科学两大旗帜,向封建礼教以及封建专制思想猛烈开火,并由此走向与工农相结合的道路。现在北大校园里还有"德先生"和"赛先生"的雕塑,足见其影响之深远,魅力之动人。

时光的指针正指向公元1917年,时任中华大学的校长陈时先生在新思潮的冲击下,极力张扬新学。在他的引导下,中华大学成为武汉三镇新文化运动的中心,吸引了众多进步青年自觉接受"破旧立新"的洗礼,一批敢于挑战的新文化运动闯将脱颖而出,恽代英就是其中的佼佼者。

恽代英才思敏捷,下笔成章。他著书立说的工作效率非常惊人,常一篇文稿一挥而就却无需改动只字。他的大量进步文章付梓,得到陈独秀的肯评,因此与陈独秀和《新青年》频繁通信往来,以表达自己探索人生和追求变革社会的畅想,二人建立了深厚的友情。

恽代英以一分为二的观点分析"德先生和赛先生"这一口号,在肯定其史无前例的进步意义之同时,提及其局限性,它不能同"群众运动"相结合,忽视了群众运动的伟大性与强效性。没有认识到任何没有群众参与的变革,其最终结果将证明都是徒劳的。不能用历史唯物主义观点看待中国文化和西方文化,因而不能从根本上推翻封建思想。但凡事物都有一个发展过程,新文化运动中民主和科学两面旗帜的树立,毕竟使中国许多方面都发生了翻天覆地的变化,还造成了新思想、新理论广泛传播的大好机遇,真正体现出了新文化运动的"新"之所在。

恽代英的学友冼震也深受影响,他到恽代英的住所畅谈时事政治,无话不说。

一天早起,冼震手捧一捆杂志兴冲冲对恽代英说:"代英,你瞧——"

恽代英忙问："什么事这般兴奋？"

"不是我兴奋，而应该是你兴奋！"冼震给他送上杂志。

原来是恽代英的一段话刊登在了《新青年》扉页上。

恽代英连忙翻过杂志扉页，抓住其中的一篇文章全神贯注地阅读起来，几乎忘了冼震的存在。本期杂志下面全文刊登了陈先生自己撰写的力作。

冼震依然沉浸在自己的情绪里，朗诵起恽代英的一段话："新文化是传播自由、平等、博爱、互助、劳动的福音，同时，又是吹向先行者的号角，激励了很多学人学子……"

冼震兴奋地对着代英，如数家珍："除了陈先生亲自撰写的发刊词刊登于扉页，获得这样殊荣的就只有你恽代英了，今天你请客！"

恽代英拉起冼震："我们现在就走。"

他们一起来到大街东侧的酸辣斋坐下。冼震向伙计点了他们平时爱吃的菜肴粉蒸肉、卤牛筋后一笑："快点儿，说吧。"

恽代英望着脸上写满诡谲的冼震，冼震笑："不用瞒我，平时忙得你喊多少遍都不肯出来，今天如此爽快，肯定是有事情商议，没猜错吧？"

恽代英大笑起来，就把受陈时校长的委托，从刘树仁先生手中接办校刊《光华学报》的事情及来龙去脉一一讲述给冼震听，待他听完后征求他的看法。

当得到朋友充分肯定后，恽代英提出："要对学报进行全方位的改良，祛除毫无新意的学究应景之作，提升锐气。要求来稿务求文体清顺、思路明晰、立意纯正，不拘一格。"

恽代英接着拿出已经脱稿的《致读者》一文，指着其中的一段文字："对介绍有创造能力之人物、世界最新潮者的稿件尤为欢迎。"

冼震听罢道："这样的刊物，使得读者一睹为快，学人学子们岂有不支持之理！只要你不嫌弃学弟，我将一定协助你，你只管吩咐好了。"

由于在办刊方向上广纳贤言，锐意求新，骤然使得学报影响力迅速增强，报刊质量受到来自于各方面的好评，其中的一些文章还被《端风》《妇女时报》等刊物广泛转载。

一段时间里，恽代英自己一马当先，他以《光华学报》为阵地，全身心地投入到新文化运动中。他先后在《东方杂志》《青年进步》《端风》等数家报刊发表撰写和翻译的近百篇文章。

此外，针对具体的社会现实，他还写了《驳不孝有三无后为大》《论女权》等文章，一方面抨击封建夫权思想和虚伪无耻的节烈观，另一方面批判西化的肉欲观及"一杯水主义"的理论，坚决反对一些无政府主义者打起"革命"的旗号，以鼓吹消灭家庭、性自由为手段，包藏放荡纵欲玩弄异性的丑恶目的。

为此，恽代英在《光华学报》发表文章，阐述正确的人生观、世界观，提出了反市侩主义哲学的大同思想，激励学人追求"即为自利而利社会、利国家、利天下"，以牺牲"小幸福"而求"大幸福"，在民主和科学的旗帜下，迎接吉祥之光，让健康和正气普降中国大地。

八、社会的良心

在中国广袤的大地上，一批进步团体如雨后春笋破土而出。先进的知识分子通过社团的组织形式，探求救国的问题，掀起了追求真理的热潮。1917年10月，武汉地区诞生了第一个进步团体——互助社。这个社团的创始人就是恽代英。

11月1日的夜晚，一轮秋月悬挂苍穹。

互助社主要成员在教室里汇聚一堂，讨论社章。他们通过民主科学的方式，来吸纳各方建议，确定正确的社团走向。恰好这天，热衷于进步社团活动的萧楚女来校内，作为恽代英的好友主动参加了这次活动。萧楚女词锋犀利，率先发言：

"……有一种蔑视工农，看不起体力劳动者的观念，存在于少数学子之中，他们罔顾国难当头，迷于升官发财；则另有一部分人对国运悲观失望，便犹似沉沦苦海一般颓废堕落。我认为，此倾向不可长之。互助社章程要加入相应条款，比如：要相互帮助，扶扬正气；要反对迷失信仰，要树立昂扬向上的精神，因为只有这样，方可培育未来的希望。"

随后恽代英也站起来发言，他的精彩演讲感染了所有在场的人，大家被深深地吸引了。遵照互助社员们的建议，此后互助社的全体成员，每天上灯时分齐聚教室内，展开互评互教互帮互学的"四互"活动。大家畅所欲言，诚实反省自己的日常言行。

这些贯穿了"正心、修身、齐家、治国、平天下"人生理想元素的活动，一度引来不少同学站在外面旁听，他们觉得这种方式新鲜活泼，有事有议不尚空谈，对大家的思想改变和提高素质具有促进作用，于是纷纷提出要求，希望加入互助社。很快互助社队伍壮大起来，在武汉各中学引起反响。武昌外国语学校和省立第一师范的同学到互助社观摩学习，随后出现了"学生团""端风团"。

端风团的一位团员家中有事，自己无力处置，端风团两次为其出面也没有能够帮助彻底解决，只好到互助社向恽代英求助。

事情的原委是这样的——

这位同学在家中已经有妻，只是未能及时生育，而这同学自己也并没有介意，出乎预料的是家中却几起波澜，其父亲为传宗接代自作主张，逼迫儿子纳妾。

恽代英问："你自己到底作何想的？"

这同学回答："我与家妻感情尚好，无意再娶。更何况时代变迁了，一夫多妻的陋俗常为社会良知所指责。作为新青年，安可做如此逆清流、趋浊污的事情呢？"

恽代英说："你的想法甚好，我们一起去拜会你的父亲，为了谈话方便，你只说我们是密友。"

同学的父亲明白了恽代英等人的来意后，便开门见山，和盘端出来自己的想法，大讲不孝有三无后为大，传宗接代人之常情；并说三妻四妾非止一家，自己并没有过分。

恽代英心中清楚，面对这样的长者，靠高谈阔论，讲一些空洞的道理，是不会起作用的。他握住同学父亲的手说道："尊伯，此虽属于贵府家事，但是确实已经影响到了令郎的求学；故此，我等作为学友，且私交甚密，才不得不冒昧来拜见老人家。"

见这位读书人彬彬有礼，谈吐不俗，老人家于是连忙吩咐上茶。

"尊伯自然是为了儿子好，才这样做的，但是……"

恽代英便从头至尾讲起黄家湖和汤逊湖一带接连发生的事情。其中有一家，就是因为娶小老婆，导致发生流血命案；另一件事情，是两个富子为抢夺一女做妾，大打出手，结果死亡三条人命，最后搞得倾家荡产。一夫多妻家庭，发生矛盾是普遍现象，其后果堪忧，令人不寒而栗。

恽代英苦口婆心奉劝这位老人："一夫一妻制，是人类进化的里程碑，是文明社会的产物，也是对男女之间爱情的尊重！"

这同学的父亲越听越觉得确实在理，就同意了儿子，由他去做主自己的事情，从此小两口也破涕为笑。

通过这件事情，使得恽代英产生了联合办社的想法。恽代英认为只有集体的力量才是不可战胜的；只有联合起来，才能解决那些个人所无法解决的事情，才能造就巨人的力量。

这一年春夏之交，恽代英打破学校之间的界限，在武汉青年会成立了由中华大学、省立师范、外国语学校等单位和社团参加的仁社，使互助社与多个学校的进步团体建立起广泛的联系。霎时，武汉三镇进步社团，如雨后春笋一般，蓬勃发展起来，声名远播省内外。而恽代英在繁多复杂的实践活动中，迈出了革命的第一步，利用社团这个具有影响力的平台，逐渐渗透传播马克思主义思想和学说……

九、上 邪

1915年10月的一天，正是艳阳高照，秋风送爽。

留得豪情谱新篇·恽代英

一乘花轿,穿街过巷在送亲仪仗队伍的簇拥下,伴随一路的爆竹声,把俊俏美丽的女子沈葆秀送到了恽府,新郎就是恽代英。

嫁娘沈葆秀,是武昌官钱局的职员沈云驹的二女儿。这天她身穿红裙,面似桃花,含羞带涩,憧憧懂懂来到夫家。

"拜堂——"

司仪一声喊,顿时两廊动乐,新郎新娘被推到了供桌前。看上去,新娘是那般楚楚可人,恽代英却没有按照习俗穿老式的长袍马褂,没有戴礼帽,而只穿了件在当时读书人中流行的长衫。

他面色凝重,不苟言笑。看上去,既没有喜临门的喜悦,也没有幸福的冲动,其一举一动,都似乎在应付。

"洞房花烛夜,金榜题名时。哥哥不高兴,你到底怎么啦?"恽代英的弟弟趴在耳边,悄声问。

"忙你的去吧。"恽代英没有多说,一句话把弟弟支开了。

没有人知道,这时的恽代英心中是如何的五味杂陈。他问自己,在青春躁动时期萌发的爱的憧憬,难道就是这个样子吗?梦中陶醉的牵手,就是这样的序幕吗?

因为论祖籍,恽沈两家是江苏同乡,所以过从甚密。沈云驹的二女儿聪颖贤淑,虽然没有正式上过学,但在家中受到了私塾老师很好的教育,琴、棋、书、画、诗文,无所不晓。沈云驹把这个女儿视为掌上明珠,因此在物色乘龙快婿时,一眼看中了博学多才的恽代英。

哪里知道,刚刚年满20岁的恽代英并不同意迎娶这位素不相识的姑娘。受新文化运动的影响,恽代英主张婚姻自由,反对包办婚姻的旧礼制。他曾经与母亲有一番长谈,诉说了自己对于爱情的认识与向往,但是,也终究没能扛得住传统意识束缚,没有违拗得过母亲迎娶儿媳的意愿。

就这样,婚礼还是如期举行了。

空荡荡的洞房里,端坐着娇艳的新娘沈葆秀。她在凝神静气地等待夫婿揭去顶着的红盖头。此刻,新娘的心绪是忐忑而复杂的,她虽从父母口中听到过恽代英才华横溢,是一位才俊男子,不免心中暗喜。然而对这位新郎，她却从未谋面，忍不住心中自问：我家夫婿到底是个什么模样呢？他会对我好吗？

渐渐，夜色已经很深了。

新娘一直牵着盖头的手，放松下来。她渐渐有些失望了。她幻想着要丈夫三番五次才能挑起那不胜的娇羞，让丈夫情不自禁地折服于自己倾城的美貌，从此航船在幸福的港湾里扬帆起航。然而期待的新郎却始终不肯进屋来。

她侧耳倾听，堂屋似乎有走动的声音，还有翻阅书本的声音。就是再怎么苦读，可今天是洞房花烛夜呀，红红的蜡烛快要燃尽了……

新娘很无奈，自己悄悄地揭去了红盖头，和衣睡了。

到了回门的日子，沈葆秀回到娘家。这时家里迎来送往，挤满了亲友。沈葆秀强装笑颜，给宾客端茶倒水，不停地寒暄问候，但却常是拿起这个就忘了那个。

母亲一把拉住女儿，走进内室，低声问："孩儿，这门亲事是不是不随心意啊？"

姑妈也过来打探："秀儿，是不是女婿他不好？据我所知，这恽哥儿是一个出色的好娃，他不会做出无礼的事情吧？"

沈葆秀摇头："母亲，姑妈，没，没什么。"

"瞧这孩子眼里含着眼泪，一定是有什么事情瞒着妈和姑妈！"母亲爱怜地为沈葆秀擦擦眼睛。

面对知情的母亲和姑妈的一再追问，沈葆秀已经再也无法控制自己，泪水簌簌地滚落下来。

沈葆秀向母亲述说了自己在过门后的三天里，所遭遇的冷淡。她不知道新郎为什么会这般无情地冷落了自己。母亲听罢女儿哭诉，也不明白一向知书达理的恽代英，为啥会做出这等失礼的事情。

为了安慰女儿，母亲还是耐心地教导说："代英是个通情达理的读书人，他这样做必有缘故，且不要责怪他。"

姑妈是个有些学问的人，也劝导她："你也是读过书的女孩儿，应该知道那《后汉书·梁鸿传》的故事。"

留得豪情谱新篇·恽代英

东汉人梁鸿，原籍平陵，家里很穷，由于刻苦好学很有学问。但他不愿意做官，和妻子过着自己动手、丰衣足食的生活。梁鸿的妻子是孟家的女儿，叫孟光，她的皮肤黝黑体态粗壮，但喜爱劳动没有小姐的习气。孟家当初为这个女儿选对象费了很大周折。主要原因倒不在于人家嫌她模样儿不够娇，而在于她瞧不起那些公子哥儿的一副娇模样。她自己说要嫁个像梁鸿那样的男子。因此有人向梁鸿说亲。梁鸿也听说过孟光的性格，便同意了。孟光刚嫁到梁鸿家里的时候，穿戴得不免漂亮些，梁鸿几天都不理她。孟光挽起发髻，拔去首饰，换上布衣布裙，开始勤劳操作。梁鸿高兴了，说：好啊，这才是我的妻子！他们婚后隐居在深山里，后迁居吴地。两人共同劳动，互助互爱，真所谓相敬如宾。梁鸿每天回到家里，孟光总是把饭和菜用托盘捧着，举到眉毛那样高送到梁鸿面前去，于是两人就愉快地吃起来。这就是从古流传到今举案齐眉的故事。

沈葆秀回到婆家后，心里开阔多了，白日与婆婆一起忙家务，晚上坐在灯下写纪事，把自己一天的感想记录下来。她不但对恽代英细心入微，处处关照体贴，有一天，她还以自由诗的方式，给丈夫写下了一篇很长的悄悄话："你走大路，我走大路。你穿小巷，我也穿小巷。即便前面是荒野有深潭，有浅洼，半亮着止水，什么样的途程也不能使我心寒。你走远了，我就大步向前，跟上你。不愁云深裹，但须风动，因为没有你月光便不美好，大路也没有了魅力！……"字里行间，充满了真情爱意，从头至尾流露出对丈夫的体贴和理解。

恽代英读罢，不由心中波澜起伏，荡漾起一股温馨的暖流。没想到陪伴自己身边，并注定与自己相守一生的，竟是这样一位有情有义的女子。于是，他按捺不住自己，欣然命笔，在书札的背面写道："我最钦佩的人中有一位世界巨人，他叫马克思。这位万世不朽的导师在他的著作中说道，真正的爱情只能用爱来交换爱，只能用信任来交换信任。真正的国家、真正的婚姻、真正的友谊都是牢不可破的。他还说，如果说只有以爱情为基础的婚姻才是合乎道德的，那么也只有继续保持爱情的恒一才合乎道德。那么，我们一起来筑造爱情的基础吧……"

恽代英临去上课前，取出自己厚厚的笔记本，放在新婚妻子的身边，他想让妻子通过阅读日记全面地了解自己，理解自己。

夜晚恽代英归来。更深人静，妻子躺在他身边，一副小鸟依人的样子，向他诉说了自己读完丈夫写的日记后，内心所有的感想，还有对于夫君的敬佩。就这样，一来二往，俩人渐渐敞开心扉，与对方无话不谈，无话不说起来。

斗转星移，夜海深沉，他们终于擦出了爱情的火花，恽代英第一次用了亲爱的这个字眼做称呼，为亲爱的沈葆秀赠诗一首：

    曾有伤心语，今作痴情诗。
    杜鹃若有泪，喜极而泣枝。
    欲展鸿鹄志，愿君伴我始。
    不作比翼鸟，亦为连理枝。

生活在爱河里的沈葆秀告诉自己的母亲，苍天垂爱让自己成了这个世界上最幸福的女人。

有位希腊哲学家说过一句话，幸福总是那样短暂，而痛苦却多么令人断肠。1918年的早春，正值一个春寒料峭的日子，怀胎十月的沈葆秀难产而亡。作为一个女人，她在经历了几个昼夜的痛苦折磨后，筋疲力尽，耗尽了人生；作为一位妻子，她怀着遗憾离开了心爱的丈夫，也带走了没有善始善终的幸福，给丈夫留下了椎心泣血的伤悲。

天空阴沉忧郁，须臾下起了大雨。每一颗雨点就像一颗钉子扎在恽代英的心上。他紧紧抱住沈葆秀，直哭得几次昏厥……

悲痛中的恽代英发誓不复再娶，从此独善其身。在葆秀的遗像上，他挥笔写下了一生之中最为沉痛的一首诗：

    郎君爱唱女权论，幸福都拼付爱神。
    常饮寸心如古井，不妨人笑未亡人。

横风吹断平生愿，死去已看物序更。
我自修身俟天寿，且将同穴慰卿卿。

在沈葆秀故后的4个月里，恽代英几乎每天都用日记记下他对妻子的思念，他给亡妻写了4封"致葆秀书"，在妻子的坟前焚化祭奠，并自称为"永鳏痴郎"，誓不再娶……

十、让穷孩子读得起书

中华大学的校长与学子们之间，有过一次关于未来志向的对话场面。对话中，所有的学子敞开心扉，各抒己见，且众说纷纭，不能说不为精彩。但校长陈时先生自己回忆说，恽代英的见解耐人寻味。

"恽代英，轮到你了，说说你未来的志向吧。"

"我想……"

"政治家、实业家、军事首领，还有艺术家、文学家……他们都是这样选择的，你哪？"

"还是做一个教书先生吧。"

似乎担心先生没有明白他的意思，他再一次重申："在城中街坊或者村野乡下，找一个小学或者托儿所，去当一个孩子王。"

"孩子王？"

同学们当中，立刻响起一阵笑声。

"是的，这是我的选择，苦思良久的选择。当然，如果时局允许的话。"

"你说的时局，指什么？"

"我所指的是如果国家没有战乱，社会没有豺狼当道，百姓没有失去起码的生存条件，我这个小小的心愿能够得以顺利实现的话。"

"为什么？"

"只因为这个社会实在富人太富、而穷人又太穷了。那么多受生活所迫而上不起学的孩子，我常想，贫富悬殊是一个社会的罪恶。而我虽然不是布施福祉的天使，但我一定要让因为贫穷而被阻于校门之外的孩子们，能够获得一个公平的学习机会。我只有办学，才能够实现这些想法。"

"如果你不介意的话，我有必要告诉你：在中国，做一个穷教书先生很难的。"

"可是在满目疮痍的中国，穷人们与我比起来更难，他们的贫穷是富人们所不能理解的，这是现在社会无法调和的矛盾。穷人并不是因为自己的无能而受穷，而是因为政治的不公所导致的分配不公，才让他们一代一代地穷下去。试想一个所谓清廉的知府，一任三年下来，仅应有的各项收入，也有十万两银子的进项。如果是黑心贪黩的知府，那就不知要捞多少了。可百姓呢，那些做工的种地的，拼死做一年下来，又能挣得来几两银子？"

"你去做教书先生，又能解决得了他们的贫穷吗？"

"五千年文明古国，少数人享尽荣华富贵，多数人无一例外地贫穷，就连备受达人推崇的盛唐，也不过仅仅是穷人有口饭吃而已，谈何温饱？文献中记载的那些关于中唐的溢美之词，是文人政客晕了，把自己的幸福妄称是百姓的幸福、穷人的幸福，还是为了维护富人的利益演绎了数千年的一种谎言和阴谋？"

恽代英慷慨陈词，似乎意犹未尽："谁能说工人农民比读书人付出的少？可是劳苦大众付出的再多，创造的价值再高，他们依然无法摆脱一个穷字。作为穷人群体，固穷的根无非是因为他们没有文化，没有文化就做不了所谓的大事，而官僚们自己是曾经读过书的人，因此在分配社会利益时便一味向所有行当中读过书的分子倾斜，这就是政治不公与分配不公的根源所在。如果我们没有能力改变这样的社会，就只好改变穷人没有文化的状态。高昂学费，这个反动统治阶级的毒瘤再也不能苦害大多数人的孩子了，我要让穷人的孩子进我的学堂读书，成为有文化的人，从贫穷和苦难中走出来！"

这番对话，使在场的所有人，都湿了眼眶。

恽代英的结束语是："让穷孩子读书的目的是让他们有一天能够改良社会。社会必须改良，如果改良无效就要改革，如果改革无效，就彻底砸碎旧的国家机器。只有付出血的代价，唤起千百万工农，让这个已经沦为少数人乐园的世界毁灭，让大多数人来做天下的主人，才是正道！"

1918年夏天，中华大学的又一批学子毕业了，因恽代英学业优秀，爱惜人才的陈时先生希望他能留在学校，聘请他担任中华大学附中教务主任一职。

此时，恽代英已经有了到乡下去的计划，朋友帮助他在城乡结合部联系好了校舍。他计划广招穷家子弟，让他们从小学文化、学科技、学英文，然后走出国门去留学，回来为老百姓效力。

但是，现实与理想之间虽然不过一步的距离，可是如同隔了一条天河。军阀士兵们要占用民房，官府要办证缴税，黑帮要收保护费，穷孩子被土豪劣绅辱骂为"没饭吃还上学就是不务正业"。各种障碍和刁难纷至沓来。

恽代英没有退却，他决计在此尝试一搏……

但是，陈时先生来了。

陈先生开门见山地说："你是一个不图虚名、不索求私利的年轻人。不图虚名的人才能不为私利，不为私利的人才能为公，为公的人才肯想着劳苦大众，只有每个有能力的人都想着劳苦大众时，国家才会有希望，民族才能真正雄起和富强。志向决定你的事业和你的人生。我信赖你，请留下来吧。"

恽代英认为做中学教务主任与自己办学的意愿并不相悖，认为这样同样可以展示自己的理想抱负，中华大学培养了他5年，在能有机会报答母校的同时可以一举两得，因此，他接受了聘请。

恽代英向校长陈先生提出了几项要求：一、经费自给；二、扩大生源，降低学费；三、改革教学，优胜劣汰，师源由中学部自己议决；四、招生及学生去留均以操行学业为衡量标准；五、学生可以勤工俭学，不让贫穷子弟中途为交不起学费而弃学。

中华大学陈时校长是著名教育家，自然明白恽代英这位不可多得之英才的执着用意，相信其必有与众不同的作为，所以，对恽代英的要求全部照准。

当时教育界与中国的政坛乃至社会一样，千疮百孔，是一个烂摊子。教育制度存在诸多弊端，教科书存有诸多谬误，学风极为不振，学校封建主义和帝国主义奴化思想严重，洋奴势力不可小觑。恽代英满怀图新的激情，精心布局，全面铺开，大胆实施了早已经成竹在胸的革新教育计划。

在第一期开学典礼上，恽代英这样讲道：而今国难当头，求学和教学都要学以致用，个人之用为小用，国家民族之用为大用。务必以大用在先而小用在后，个人民族国家三者之间小用与大用相融合，大用与小用相兼顾。求学的一方既不能功利主义浅尝辄止，亦不能成为死气沉沉的学究；教育一方既不能培养唯利是图沽名钓誉之徒，也不能培养与现实和社会相脱节的书呆子。有文凭没水平，有知识没能力，是一个荒唐的社会造就的必然恶果，必须止矣。

他主张学校培育出来的学生要具有为社会奉献的精神，做到德艺双馨、德才兼备。为了达到这一目的，他开设品德教育课，要求学生摈除封建旧道德，提倡新时代的新道德，做到有德有学有识有能。而老师要名副其实，坚决不要南郭先生和哗众取宠、诲淫诲盗之流来误人子弟。

他制定的校训是：培养有知识、有水平、有能力、有吃苦精神、有品格之人才。

就在这一学期，发生了两件事情，这两件事情让中华大学中学部声名鹊起，同时也证明恽代英言行恒一，实践了自己的办学诺言。

第一件事情发生在杨家湾。

有一位牧羊少年小五子，牧羊五载，时常借间隙在私塾后窗悄悄听老师讲学。终于有一天私塾先生"抓住"了小五子，先生说我有两条要求，你只须答应我其一便可。一条是付给我5年学费共计3两银子，一条是把学过的文章背给我听。小五说交学费没有银子，背书倒是能够试试。

　　私塾先生惊讶不已，这个小五子竟是一字不漏，背诵出了他要求学生们背诵的所有文章。先生心想，这娃如果出生在有钱人家，说不定将来是个英才呀！

　　私塾先生叹道："老朽哪里是要收你学费啦，不过是借此要考考你5年间学得了什么。孩子，凭我所学也只能教给你这些了。若是你能认识那位恽代英先生就好了，他一定能帮你完成中学学业，你也不用因此为学费担忧。可惜呀，我也并不认识人家。"

　　恽代英知道了这件事情，一刻也没有耽搁，徒步奔波，在乡野河畔找到了小五子，一位衣衫褴褛的牧羊少年。

　　那天下着大雨，牧羊少年带着羊群蜷缩在屋檐下，正一边狼吞虎咽啃黑乎乎的野菜饼子，一边等待雨停后赶上财主的羊群归圈。

　　恽代英急切之中一把抓住他，说明了来意，问道："愿意跟我去上学吗？"

　　"上学——"牧羊少年使劲儿揉揉眼睛，觉得自己实在是在做梦。

　　"是的，上学去。带我去找你家大人。"恽代英说。

　　小五子从惊愕中回过神来，朝面前先生模样的恽代英磕了一个头，说："天上下来的恩人，受娃一拜，只怕我家穷，老父不会答应。"

　　恽代英说："只管带我找到你父母，别的事情你且不要管。"

　　到了小五子家中，果不其然，恽代英的好意被小五子的父亲一口谢绝了。恽代英告诉他先别忙着答复，给他三天的考虑时间，然后再做决定。恽代英接着三番五次找这位给财主扛活的老汉，沟通思想讲道理，并且帮助解决实际困难，让他相信自己完全可以妥善解决孩子学费问题。

　　老汉得知这位先生能帮助自己的孩子安排勤工俭学计划，感动得不知所措，眼含热泪说："我和娃一定亲自跑到庙里去烧香许愿，感谢老天爷。"

　　恽代英告诉老人，人能办得到的事情神仙办不到，神仙办不到的事情人能办得到；我们今天办不到的事情，明天孩子们会办得到。只有把穷人的孩子培养成为给穷人办事的人，穷人才能彻底拔掉穷根，才能掌握自己的命运。

完全在恽代英预料之中的是，小五子一边上课一边到距离校门不远的作坊里打工，一个学期下来，考试成绩优异，竟然在5名优等生中名列榜首，获得了享受免去全年学费的资格。

另一件事情是这样的：有位教师是政府官员的妻弟，此人骄纵放荡，名声极坏；不但老师们躲避他，就是陈时校长也一时未能处置他。这家伙明目张胆干出嫖妓、搞女人的下流行径。那些花枝招展的浪荡女人，时常夜里出入他房间，成为校园一景。

事情反映给了恽代英，大家认为恽代英同样会没有办法，只能睁一只眼闭一只眼罢了。完全出乎预料的是，恽代英不屑于睬他，干脆直接找到那位政府官员，把事情说了个清楚。

恽代英取出一只绣花鞋置于办公桌上，说道："自古以来，嫖赌不是小节，影响极坏，其后果非常严重。因嫖赌毁掉人生前程的有之，因嫖赌坏掉百年基业的有之，因嫖赌毁掉江山毁掉社稷毁掉国家的同样有之。校堂本来是最圣洁的地方，那么请问，一位教书育人的老师有如此令人不齿的劣迹，怎么能带好学生呢，阁下情何以堪？"

这时那位政府官员有些吃不住了，恽代英趁此机会火上浇油："他自己的名声事小，可长官你的声誉事大，这样的鞋子在长官妻弟床下频频出现，并被挂在门楣之上，引起满城风雨，听说还要挂到官府这里来，那么……"

恽代英仗义执言，使得那个官员觉得实在是太丢人，于是一个电话，让妻弟滚出了校门。

十一、奴隶们起来

1919年春。

恽代英正在给学生们讲德育课，忽然教室门开了，门外站着高老师。

"出事了！"高老师上气不接下气地说。

"什么事？"恽代英拉住高老师的手，同学们跟着呼啦站起来。

"大事，天大的事！"高老师从衣兜里掏出一张手抄小报，"这是一位朋友从北京带回来的。"

恽代英接过报纸来展开，只见上面写道：1914年世界之战爆发，日军借口对德宣战，攻占青岛和胶济铁路进而控制了山东省。历经4年浴血奋战，大战结束，德国战败。今年1月18日，战胜国在巴黎召开"和平会议"。中国代表团，以战胜国身份参加和会，提出取消列强在华的各项特权，取消日本与袁世凯订立的"二十一条"等不平等条约，归还大战期间日本从德国手中夺去的山东各项权利。然而，弱国无外交，和会在列强之操纵下，不但拒绝中国的正当要求，而且在对德合约上，明文规定把德国在山东的强盗特权，全部转让给日本。

文章结尾处用大号字体写道：北洋政府竟准备在"对德和约"上签字，北京高校学生义愤填膺……

恽代英愤怒地挥动着报纸，怒斥："无耻至极！纲纪扫地，主权外移，疆土日蹙，这群洋奴，奴颜婢膝，就像癞皮狗，把祖宗的脸彻底丢尽了！"

高老师气愤地说："军阀统治，长期混战，对内专制独裁，对外卖国求荣，给人民带来灾难，实在是国将不国！"

恽代英说："天下有难，匹夫有责。我们怎么可以坐视国家沦亡，人民惨遭涂炭？"

同学们齐声回答："我们听您的，立刻行动起来吧！"

教室里很快汇聚了许多闻讯而来的进步学生，还有一些老师。大家一起讨论如何声援北京学生正在酝酿的爱国运动。最后大家一致赞同在武昌立即组织举行一次游行，以实际行动反对黑暗统治的腐败政府，与北京爱国学生遥相呼应。

恽代英因势利导，告诉大家：

"星火可以燎原，人多可以势众，学子们的爱国热情必须充分肯定；但行动要经过周密安排，步调一致，以最大的阵容配合北京学潮。"

恽代英阐述道："要做好宣传好发动工作，唤起更多的人以天下为己任，让人民彻底明白洋奴和卖国贼们的真相，剥去他们的伪装。只有动员起学生、工人、农民各行各业更多的人，才会有无穷的力量。"

1919年5月3日，北京大学学生举行大会，号召大家奋起救国。大会决定：

（一）联合各界一致力争；（二）通电巴黎专使，坚持不在和约上签字；（三）通电各省于5月7日国耻纪念举行游行示威运动；（四）定于5月4日齐集天安门前举行学界之大示威。

5月4日，北京三所高校的三千多名学生代表冲破军警阻挠，云集天安门，他们打出"誓死力争，还我青岛""收回山东权利""拒绝在巴黎和约上签字""废除二十一条""抵制日货""外争国权，内惩国贼"等口号，并且要求惩办交通总长曹汝霖、币制局总裁陆宗舆、驻日公使章宗祥。

学生游行队伍移至曹宅，怒不可遏的学生痛打了章宗祥，并火烧曹宅。学运遭到军警镇压，32名学生代表被捕。

消息传到武昌，在恽代英的指挥下，学生们冒着小雨，一夜之间把制作的四千多份传单散发出去。武昌街头巷尾，到处贴满了传单，过路行人和当地居民工人纷纷围拢起来观看传单内容，有的人则拿着传单愤怒地奔走相告。

武昌沸腾了。

这一切使得那些封建势力、官僚买办洋奴集团惊惶万状！

恽代英目睹了群众的爱国热情，立即写了一篇《何谓暴力》的文章，组织学生抄写在传单上，沿街发放。他愤然写道：

为什么日本一个小国敢于肆意欺辱有着四万万人口之多

的泱泱大国，皇上、大员、军阀个个仰其鼻息，民族利益被随意宰割？

这是一个弱肉强食的世界，你听说过狼吃羊的时候，讲什么仁义道德没有？

中华民族到了危险的时候，居然还不能同心协力，一致对外！居然还有洋奴走狗假惺惺地用所谓"道德观念"去指责同胞！可悲至极！请问，八国联军拿刀割你亲人脖子的时候，你去跟他们讲仁义道德了吗？日本舰队的火炮来袭的时候，你跟他说你真没有人性，不遵守仁义道德了吗？当他们自称大日本帝国来侵占我国土的时候，你跟他讲不要暴力了吗……

团结就是力量，这个道理，连小小的蚂蚁都懂得。可是那些败类却反其道而行之，在国难当头之际为流氓帝国代言、效力！

同胞们，中华民族已经到了最危险的时候，我们再也不能做奴隶了，要挥起我们的拳头，献出我们的热血，打倒列强，打倒媚外反动势力及其走狗！

这篇檄文很快传播到湖北各地，犀利的笔锋刺中了官府内外民族败类们的痛处。5月7日清晨，恽代英发现大街之上阴森森地布满了岗哨，到处是荷枪实弹的军警，透着杀气。原来是湖北的督军王占元执行北洋政府的密令，下达了戒严令。但他依然毫不畏惧地穿行在大街小巷中，组织学生，发动工人，全力以赴投入反帝爱国运动。

5月12日，武汉三镇学生团成立，恽代英起草了致北洋政府、各省、各机关、各学校及巴黎和会并美国总统的电文，强烈要求还我山东主权。随后，武汉学联举行了大规模的集会游行，罢课两周，声援北京学生运动。

天津、上海、南京、杭州、重庆、南昌、武汉、长沙、厦门、济南、开封、太原等地学生，在北京各校学生罢课以后，亦宣告罢课以示声援。同时工人阶级也行动起来了，上海近10万工人大罢工，以响应学生。

伟大的革命热潮，如同野火春风，一切反动腐朽势力的丧钟已经敲响，中国革命大潮的序幕已经拉开……

十二、血　祭

五四运动中的武汉，笼罩着帝国主义的杀气。日本军舰在汉口附近游弋，并明目张胆地收买走狗王占元，做他们的侵华工具。

王占元系一介武夫。辛亥革命武昌起义爆发，他夺取汉口，纵兵烧杀抢掠，无恶不作。1916年袁世凯死后，黎元洪继任大总统，任命王占元为湖北督军，他在湖北大肆搜刮财物横行霸道，时与列强勾结。

恽代英曾经写过一篇《人贪还是狗贪》的讽刺故事刊登于汉口报端影射王占元的劣迹，王占元得知后直气得跳脚大骂。恽代英也因此险遭受雇流氓的报复。

王占元带着大刀队到武汉三镇训诫，勒令武汉各校校长校监，对上街游行学生严加制止，否则严惩不贷。还扬言：若不听从，格杀勿论。其间特别点了武昌中华大学附中的名，矛头直指恽代英。

恽代英没有畏惧，决定与联合起来的爱国学生们发动更大规模的学潮，坚决与卖国贼斗争到底。

6月1日，在巡街军警的强压下，学生们跃过围墙，到约定地点集结，恽代英成为大、中学校师生们共同的中心人物，他无视眼线的监视，昂首从大门走出，过街穿巷甩开尾巴的跟踪，与联合起来的学生们会合。

恽代英沉着地指挥大家分组越巷，闯过封锁线，在中心街汇聚成游行的洪流。纷飞的传单、演讲的学生、响彻城市上空的口号声，激起无数同胞的爱国热情。路旁围观的群众，齐声叫好，紧随游行队伍后边，为学生们助阵，其声势极为壮观。

王占元得知后气急败坏地大骂武汉警务和保安行动不力，命令警力立刻镇压学生运动。警务处长崔振魁连忙率队包抄过来，气势汹汹，企图动用武力殴散游行队伍。行动中担当路口戒严盘查的黑狗子保安队一阵忙乱，队长走火，一声刺耳的枪响划过天空。

高师学生吴序宾过来向恽代英报告："反动势力正在向我们游行队伍逼近！"

恽代英大声宣布："王占元是个杀人不眨眼的刽子手，是帝国主义的爪牙，是人民的公敌。他们调动武力，企图对手无寸铁的爱国学生下手，我们要团结一心，众志成城，坚决不惧反动势力的淫威，与他们斗争到底！"

游行队伍振臂高呼：

"反对一切帝国主义的走狗！"

"反对镇压爱国学生运动！"

"爱国无罪！"

恽代英正气凛然，抢在游行队伍前面，同学们紧紧挽着他的胳膊，一起迎着张牙舞爪的军警，大踏步行进。

"站住——"崔振魁出现在面前，挡住了道路。"立即给我停止游行闹事！"

恽代英问："你是什么人？"

一个黑狗子跑上前来，先是朝官模官样的崔振魁谄媚地笑笑，然后傲慢地对着学生们："哼，大家还不知道吧，这就是我市大名鼎鼎的警务处长崔振魁，崔处长正带领我们执行公务，都给我知趣一点儿，不然后果自负！"

"警务处长，好大的官啊！"学生们讽刺道。

"崔处长是王占元长官的亲信，称兄道弟，知道不！"黑狗子瞪着眼珠子威胁说。

恽代英义正词严地说："你误会了，我问是哪国人？你们是不是中国人？我们的山东是不是你们的山东？我们的国家是不是你们的国家？为什么不为祖国，而是替洋人替强盗替侵略者刽子手效命，做亲者痛仇者快的事情！"

学生们对着前来镇压的军警和保安齐声喊："必须回答，你们是中国人，还是日本人？是中国人就得有良心，是日本强盗就滚出中国去！"

军警与黑狗子保安们面面相觑，无言以对。

崔振魁气得七窍生烟，黑着脸子朝天空开了一枪，叫嚣："凡是带头闹事的，抓起来！拒不接受训诫的，杀！"

军警和黑狗子们举着刀枪逼向学生，当天有十几名学生代表被逮捕，很多学生被殴打砍杀，吴序宾和另一名学生陈开泰身中数刀，倒在血泊之中，鲜血流淌到军警的脚下。恽代英怒不可遏地痛斥道："你们对同胞行凶，制造血腥，你们是历史的罪人！"

老天也发怒了，突然间电闪雷鸣，仿佛要撕裂大地。军警黑狗子们躲到屋檐下避雨去了，而学生们在原地岿然不动，高声唱起了校歌——

"子弟们静坐在学堂，可是我们的民族面临危亡。我们既要读书修身，可我们的民族没有保障……"

这场"武汉六一惨案"，很快轰动了两湖，轰动了全国。学生们虽然已经付出了血的代价，但是为了维护民族的利益，学生们在风雨中情绪更加高涨。他们勇敢面对带血的刺刀和生命的威胁，丝毫没有退却。他们静坐在泥泞中挥手致意，相互支持，相互鼓励，斗争到底。青年学子们的爱国热情和壮举，赢得了社会各方的赞扬和支持，学潮规模越来越大。老百姓们自发地送雨伞，送姜汤，送来饭和菜。文华大学、科技学院、甲种工业学校分别组成慰问团，到现场慰问参加学潮的学生。

恽代英则心急如焚，为伸张正义，营救被捕学生，他不顾个人安危，四处奔走。

他访问了商界有影响的人物刘子敬和汉口首富刘歆生，希望他们替爱国学生对当局施加影响；同时写了镇压学潮真相的状况书向全社会散发，让真相家喻户晓，人人皆知。血的教训让他明白，爱国运动孤军奋战是无法取得胜利的，必须联合社会各界，才会有力量。

由于恽代英的呼吁，刘子敬、刘歆生带着百名商贾签名的请愿书，冒雨直奔省府，面见政要大员，陈述国情民情，要求顺应历史潮流，勿助国耻，为后人耻笑。恽代英与施洋大律师还发起成立了武汉各界联合会，组织各界联合大罢工，全面推动武汉爱国运动。

各方齐助，万民同心。6月10日，联合会一声号令，汉口商界先行罢市，随后汉口工界举行大罢工，武汉三镇的工界商界迅速群起响应罢工罢市。

这时的武汉就像惊涛拍天的海洋，狂啸怒吼的江河，仰天长鸣的战马，霎时间发动起来。大街上成千上万的人，包括爱国学生、爱国工人、爱国市民，他们为了同一个目标，朝着同一个方向，会合、交融在一起，向前，向前，向前！

军警已经无法干涉，黑狗子保安们惊慌失措，王占元在强大的革命力量面前不得不退让。他释放了被捕的爱国学生，并向北洋军政府和参加巴黎和会的中国代表去电，提出拒绝在合约上签字的要求。

武汉学生反对帝国主义和封建主义的爱国斗争在各界民众的一致支持下，取得了伟大的胜利，从而支持了由北京学生发起、进而席卷全国的五四运动，迫使军阀政府释放被捕学生，罢免三个卖国贼的职务，拒绝在巴黎和会上签字。特别是参加运动的学生、工人阶级、小资产阶级、民族资产阶级和其他爱国人士们，为革命力量的凝聚作了一次成功的"预演"，为马克思主义的传播和中国共产党的诞生奠定了思想基础。

十三、人类必须有火！

1917年俄国十月革命成功，世界上出现了首个社会主义国家，马克思主义学说得到了实践的验证，为中国提供了一条可资借鉴的革命之路。

武汉学运领导者恽代英深受鼓舞,他激动地倾吐肺腑:半殖民地半封建的中国社会,缺少的是马克思主义。马克思主义学说,可以帮助中国社会寻求到真理,探索出中国未来的出路,中国极其需要马克思主义。

陈独秀清楚地看到:"共和政治为少数资本阶级所把持,无论哪国都是一样,要用它来造成多数幸福,简直是妄想。"他进一步剖析说:"民主主义是什么?乃是资本阶级在从前拿他来打倒封建制度的武器,在现在拿他来欺骗世人把持政权的诡计……若是妄想民主政治才合乎全民意,才真是平等自由,那便是大错特错……民主主义只能够代表资产阶级的意,一方面不能代表封建党的意,一方面更不能够代表劳动阶级的意,他们往往拿全民意来反对社会主义,说社会主义是非民主的,所以不行,这都是欺骗世人把持政权的诡计。"他一针见血地指出:"世界上的军国主义和资本主义已经造成了无穷的罪恶,现在是应该抛弃了。"

最早系统介绍马克思主义的李大钊宣告:马克思主义在中国,是因为新思想符合经济的新状态、社会的新要求发生的,不是凭空造出来的。

用马克思主义的唯物史观批判那些妄图阻止社会变动与思想变动、阻止社会前进的反动派、顽固派,伟大的革命先驱者们,犹如慧眼独识的探险者,终于在高山之巅找到了至宝。

然而,探索的路程却是艰险的,前面有悬崖峭壁、荆棘沟壑、豺狼和魔鬼……

1920年2月,恽代英离开中华大学,把互助社、辅仁社、黄社、仁社、日新社、健学会那些相互了解的同仁组合起来,向伯父借些了钱,在武昌横街头南口18号租到了几间铺面房屋,创办了利群书社。利群书社名义上传播新书,实际上是传播马克思主义,经销革命书报杂志。一些热门书刊包括《共产党宣言》《资本论入门》《阶级斗争论》等专著和《新青年》《新潮》及恽代英等人创办的《武汉星期评论》等杂志,从这里经过借阅和邮购等渠道,输送到四面八方。

留得豪情谱新篇·恽代英

传播火种,温暖世界,照亮人间。然而,传播火种到人间来,是魔鬼们最为害怕的事情。他们害怕温暖和光明降临世界。他们是私利的代表和化身。他们顽固地把私利置于了至高的位置上。他们的利益完全是建筑在人们痛苦之上的,勒索人民,掠夺人民,让人民生活在黑暗中;他们是罪恶的化身。

当志士们为了迎接人间的福音,勇敢地举起马克思主义光芒万丈的火炬,魔鬼出现了,反动势力这个魔鬼出现了。

利群书社报告会进行中,隐约有可疑的人在附近盯梢。沈光耀告诉恽代英,这些人的行迹一定与利群书社传播马克思主义有关,并说出了北京及上海已经有进步人士被杀害的消息。

恽代英说:"反动势力反对马克思主义的传播,他们的目的是维护军阀政客和有钱人对社会的统治,这是早就在意料之中的。"

沈光耀小心地说:"还是避一避,别让狗咬了。"

恽代英望着这位志同道合的朋友,问:"还记得古希腊神话里关于普罗米修斯来到人间的故事吧?"

"普罗米修斯发现人们住在山洞里,饥寒交迫;他们过着原始人的生活,甚至彼此猎食。他们实在是一切生物中最可怜的了。"沈光耀感慨地说,"普罗米修斯知道只要有了火,他们就可以取暖和做饭了;他们还可以学会制造工具,给自己盖房子住。现在没有火,他们的日子过得比野兽还要坏。"

恽代英的眼神中透出凛然正气:"可是,普罗米修斯去见宙斯,请求他把火赐给人类。宙斯说,连一丁点儿火星我也不给,绝对不给!所以,普罗米修斯下定决心要帮助人类。他说,人类必须有火!"

普罗米修斯把火种带给人间的故事,十分悲壮。普罗米修斯这个人类伟大的朋友,把火带给人类,使人类脱离了苦海,教会了人类怎么生活,自己却身缠铁链被拴在山崖上。

沈光耀明白恽代英讲普罗米修斯这个故事的含义,因此深受感动,他说:"众人拾柴火焰高。就让我们一起来,把火带给人类!"

忽然不远处一队人影朝书社奔来。

恽代英似乎早有准备，迅速走上讲台，待他回过头来时，发现那些人已经堵住了门口。为了拖住这些不速之客，沈光耀迎上去，故意问："请问各位，是来听课的吗？今天讲的是……"

一个光头的流氓说："老子是奉命来普查的，查你们聚众讲的有没有马大胡子的妖言邪说！有没有呀？"

恽代英没有理睬他们，只是有意地挥动了一下手里的《庄子》，大声讲道："北海若曰：井蛙不可以语于海者，拘于虚也；夏虫不可以语于冰者，笃于时也；曲士不可以语于道者，束于教也。今尔出于崖涘，观于大海，乃知尔丑，尔将可与语大理矣。天下之水，莫大于海，万川归之，不知何时止而不盈；尾闾泄之，不知何时已而不虚；春秋不变，水旱不知。此其过江河之流，不可为量数……"

"神经病才听这玩意儿！"光头流氓侧耳聆听半天，最后也没有搞懂穿着窄袖长衫、戴着近视眼镜的恽代英讲的什么，便气哼哼地带着小混混们滚了。

沈光耀望着他们的背影笑骂道："我们就是讲马克思主义，流氓们同样也听不懂呀！"

《大汉报》记者萧楚女鄙夷地说："瞧这个腐败官府竟然与黑社会流氓勾结在一起了。如此看来，这个军阀流氓政府，距离完蛋已经不远了。那么，就让马克思主义为他们使劲儿敲起丧钟吧！"

恽代英对大家说："百姓不满军阀的统治，民怨四起，军阀政府四面楚歌。各路军阀之间矛盾重重，时常狗咬狗相互厮杀，势不两立。但是，反马克思主义，他们是一致的。今后由光耀和萧鸿举负责安全工作，提高警惕，防止反动势力破坏利群书社。"

萧楚女建议利群书社的社友骨干实行轮流值班，监视周围的动向，如果发现可疑情况，立即传递消息，以便采取紧急避险措施。

恽代英表示赞同，于是采用这个建议，推选出8名办事干练的社友，开始了利群书社的巡保工作。实践证明，这个建议非常有效，多次避免了反动势力制造麻烦的图谋。

谷雨这天，以恽代英、沈光耀、余家菊等12人名义写的《共同生活的社会服务》的宣言书在上海《时事新报》副刊《学刊》上发表了。大量的报纸发行到了武汉，利群书社的消息像春风一样，传遍了武汉全市，吸引了各界青年。教育界、文化界、新闻界人士，他们普遍感到有兴趣，前来祝贺。

施洋大律师闻讯后，急忙赶来，对书社给予全力支持，主动要求义务担任书社法律顾问，并约定自己为社友讲授一些基本法律知识。受施洋先生的鼓舞，萧楚女表示自己决心投到利群书社的麾下，同利群书社社员们并肩战斗，去开创宣传新文化的事业。从这天起，恽代英和施洋、萧楚女建立了生死不渝的友谊。

书社的发展，为武汉三镇展现了一片天地，恽代英进一步增长了斗争经验。恽代英决定到北京开阔眼界，为自己寻求真理插上翅膀。1920年4月初，恽代英和去京投考的林育南、郑兴焕、沈光耀一同北上，奔向新文化运动的摇篮，学习和武装自己。

此时，各地青年正风云际会于北京。湖南的毛泽东，少年中国学会南京分会的王德熙，天津觉悟社的代表周恩来、邓颖超都在这里留下了活动的踪迹。恽代英在这里深刻领略了许多思想前沿的动态，进一步提高了对新文化运动的认识。恽代英1919年10月加入了少年中国学会。在北京期间，他受少年中国学会委托负责编辑《少年中国学会丛书》，还埋头写了大量文章。他专门为《少年中国》写了长达4万字的论文《怎样创造少年中国》，阐述了创造少年中国与个人生活之间的关系，指出只有改造自己才能改造国家。对社会主义学说，恽代英也作了认真的探讨，在报刊上发表了《论社会主义》。

十四、打倒土豪劣绅

1920年6月，恽代英回到武昌；秋天，恽代英应聘来到安徽宣城。

此次宣城之行的成因，主要缘于热衷新文化运动的宣城省立第四师范学校校长章伯钧盛意。章一再邀请，恽委实难却。

而恽代英欣然应聘,还有一个目的,就是决意在此与章伯钧共同谋一番事业,把学校办成传播进步思想的阵地。

临行前就已经谈好,在宣师担任教务主任兼教修身、英文,月薪与校长相等,亦大洋100元。

恽代英还有一种用意。他认为,这样可以使得自己能够拥有更多的财力。而丰厚的财力,足以让他有能力去资助更多的家境贫寒的进步学生;多培养成一名穷家子弟,就会多一个为百姓着想的人才。

于是,恽代英告别了武汉三镇,告别了家乡武昌。

"恽老师来了!"这消息像春风一样,吹遍了宣城,吹遍了宣师。学生们听说恽代英来此,便心绪高涨,兴奋不已。他们不约而同地跑向码头,迎接久已崇敬的老师。一些学生家长也仰慕久矣,接踵而至,要一睹这位大名鼎鼎新潮人物的风采。

整个码头熙熙攘攘,热闹非凡,人们情不自禁地开始议论起来。

有的说:"我要咨询恽先生。他在《时事新报》副刊《学灯》上,三驳杨效春'非儿童公育'的文章太好了……"

有的说:"说出了穷人的心声。恽先生主张实行儿童公育,设立专门的机构,使儿童一生下来就受到全面正规的教育。无论从人类的改良、社会的改造还是个人今后的教育和发展来看,儿童教育都至关重要。这些都是为穷百姓着想呀!"

也有的说:"这世道乌七八糟、乌烟瘴气。军阀打杀,官府贪腐,土豪劣绅为富不仁。他们夺财害民,尽干见不得人的勾当,哪里会干对百姓有益的事?儿童公育难哪!"

大家七嘴八舌,倾诉心声。等了一个时辰,也未见恽代英的身影,都觉得纳闷儿。

这时,宣师的校门口来了4位青年,他们身穿长衫,脚穿草鞋,肩挑行李,径直走向大门。

门房值班的工友拦住他们。其中一位年龄较大点儿的青年,放下行李,揩了揩额头上的汗水,笑着说:"我是受聘的教员。"

"教书的先生?"工友思忖,"天下哪有自己挑行李、穿草鞋的先生？若说是苦力，可哪又有穿长衫、戴眼镜的苦力？"

这位戴眼镜的青年就是恽代英，另3位青年是随他附读的学生：吴华梓、李求实、刘茂祥，他们都是利群书社的成员。

学生们从码头返校后，听说这件事，更加钦佩恽代英了。

恽代英授第一堂课，已经请假的学生都主动销假回到学校。教室里座无虚席，大家要听恽老师的新理论。

恽代英没有站在讲台上，而是站在同学们中间，他讲道：

"同学们，今天是我们见面之后第一堂课。感谢大家对我的期许。首先声明的是，我讲课时，形式是开放的。大家可以提问，也可以讨论，可以自由讨论。当你觉得我讲的课程，实在是学而无益的时候，你们也可以自由走出课堂。当然，也可以把我赶出课堂。我绝不做南郭先生。然而——"

一番独具新意的开场白，顿时引得满堂掌声。

恽代英接着说："开宗明义，下面老师想请问各位学子，上学为了什么？"

是啊，上学为了什么？这是一个太过简单的问题，反而把同学们问住了。

"为了……"

教室里一片静寂。

恽代英说："只有弄懂了这个问题，大家求学方有意义，方能成为有用良才。记住，我说的是良才，而不是人才。良才金不换，而人才不值钱，有的还有害。因为祸国殃民者也不一定不是人才。孔子曰，学而优则仕，我反对。学而优怎么就得做官，怎么就能做官呢，我反对。事实证明给我们的：古往今来，多少饱学熟读之人，做了官僚后，干尽了缺德事、误国事、自私自利的事，而成为祸害！"

学子们听到这里，眼睛都亮堂起来。

"能成为良才者，起码是具有远大的理想和正确的人生观。何谓良才？饱食终日，无所用心的人不是。两耳不闻窗外事，一心只读圣贤书，梦想通过个人奋斗的道路，以追求成名成家成官僚为手段，以实现私欲为目的的人，也不是。而且这种人一旦得势，就会胆大妄为、胡作非为。"恽代英走到黑板前，用粉笔写下"马克思"几个字，继续说，"以后，我会向大家介绍一位真正的良才，千年一遇之良才，人类中的巨人，他的名字叫马克思——卡尔·海因里希·马克思，德国人。他在《共产党宣言》中写道：一个幽灵，共产主义的幽灵，在欧洲大陆徘徊。为了对这个幽灵进行神圣的围剿，旧欧洲的一切势力，教皇和沙皇、梅特涅和基佐、法国的激进派和德国的警察，都联合起来了……"

掌声顿起。

这一课，自掌声中开始，在掌声中结束。下课了，恽代英走出教室，掌声还在持续。

恽代英在宣师的日子里，废寝忘食，埋头工作，每天达10小时以上，有时一天撰文竟达15000多字。由于他过于专心，经常忘记进餐的时间，等他到食堂时，卖饭的师傅早已离去，以致经常挨饿。

他的生活十分简朴。他的100大洋月俸加上稿费，收入不可谓不丰，但他却省吃俭用，一件新长衫都舍不得去做，把余钱留作补助家境贫寒的学生。有两个贫苦农民家庭出生的学生，因交不起学费无法继续完成学业。恽代英闻知后，不但立即为他们缴纳了学费，还经常带他们参加社会活动，鼓励他们好好读书，好好做人，努力成为社会的有用良才。

恽代英博学多才，且平易近人乐善好施，自然就成为众学生崇拜的对象。宣师有一名学监见学生像众星捧月一样不离恽代英左右，不免酸溜溜的心生妒意。学监不阴不阳地说："恽先生学富五车，受人仰慕，何以同一些乳臭未干的穷学生混在一起？"

恽代英听罢不软不硬地回道："学监言之差矣，这些穷学生个个都干净，他们品学兼优，童叟无欺。之所以穷，是因为他们的父母做工、种地，拼死拼活地干一辈子，剩余价值被土豪劣绅盘剥光了。如此说来，穷人穷，又是谁的罪过呢？"

1921年5月，五四运动二周年的日子里，宣城知识界和工农群众举行了声势浩大的纪念五四运动、"五七国耻日"活动。群众大会上，恽代英慷慨激昂地发表演讲，激发民众投入到救国的运动中。他愤怒揭露反动军阀媚外卖国的罪行，鞭挞土豪劣绅鱼肉乡民的无耻行径。

恽代英高呼："我们如再醉生梦死，帝国主义就会很快地来侵略我们，中国腐败政府，只知仰帝国主义的鼻息，甘愿任其宰割，这就是捆锁四万万人民的一条大铁链。"

在他的鼓动和率领下，宣城掀起了爱国的热浪，爱国学生和青年纷纷走上街头，撕掉了充斥大街小巷的那些女人袒胸露乳不堪入目的广告，捣毁了一些专售日货的商店，爱国的标语和传单漫天飞扬。积极要求上进的学生组织、进步团体求我社、觉悟社、爱智社、新群社、互助社等相继成立。

宣城的地方反动势力和土豪劣绅吓坏了，他们对恽代英的革命活动恐怖到了极点。县商会的会长和宣师那位劣绅学监勾结在一起，联名拍电报给安徽省政府，诬指恽代英"组织党羽，煽动学生，图谋不轨，大逆不道"。为了使打击排挤恽代英的图谋早日奏效，劣绅学监特意送上500大洋的红包，安徽省军阀张文生得到好处心领神会，立即下达了对恽代英的通缉令。

此时的恽代英面对邪恶势力的压力没有屈服，而是产生了新的想法。他决意告别宣城，为自己腾出时间，对此前的斗争进行一次总结，然后谋划下一步的斗争思路。

校长章伯钧一再挽留，宣师师生对恽代英依依不舍。恽代英盛情难却，用笔在学校的粉墙上挥写了屈原《离骚》中的名句"路漫漫其修远兮，吾将上下而求索"，然后洒泪而别。

十五、求 索

"路漫漫其修远兮，吾将上下而求索"出自于屈原的《离骚》，表达了为追寻真理，不惧路途艰险，百折不挠，不遗余力地去追求和探索的心境。恽代英此时的心情，同样如此。经过了一次又一次的艰难与风雨，办过书社、教育团、互助团，组织过同学与反动势力斗争，搞学潮，闹罢工，但行进的线路图总是蜿蜒迂回，每次的成功后面都会面临新的挫折，社会的恶势力像野草一样，被正义的火焰焚烧之后，总是顽固地复生，只不过是改头换面，重新换了一拨人马、一张面孔而已。因此，大好河山依然被糟蹋，官府依然腐败，国家依然民不聊生。官员与富豪们声色犬马、醉生梦死、荒淫无耻，日尽一日地消耗国家的元气；百姓则水深火热，生不如死。他自问，为什么现实与自己所追求和期望的相差如此之远，到底根源和症结在哪里？彷徨忧思，辗转反侧，他写了一首题为《一刹那的感想》的新诗，发表在1921年6月15日《少年中国》第二卷第十二期上：

昨天蓦然地想起来，
这魂魄还不曾有个地方安放。
这飘零的生活，
令心中每觉怅惘。

我待要不努力，
眼看见许多天使样的少年，
一个个像我样的堕入劫障。

我待要努力，
这罪孽深重的人类啊！
又处处的打消了我的力量。

是我对不住人类么？
是人类对不住我么？
我愉快的灵魂，
亦似乎感觉痛苦了。

这似乎是我听见了我灵魂的哀唱。

我知道我应该努力,
但我应该有更合宜的努力地方。
长铗归来乎!
何处是我的家乡?

令我这一颗柔软的心儿,
永远的这样系思怀想!

这首诗真实地表达了这一阶段恽代英苦闷和抑郁的心情,可是他没有悲观,更没有失望,追求真理的火焰在心中越烧越旺。他要用劈天斩地的长剑,去除尽世间的毒邪和恶魔,要亲手创造美好的未来。

他带着相随的学生笠帽跣足,进入皖南乡村,途经泾县、旌德、太平等地,一路上宿街亭、吃干粮、喝井水,不辞劳苦地展开了广泛深入的社会调查。

恽代英了解了农村的现状,了解农民的疾苦,懂得了千年来压迫剥削的根深蒂固和对农民产生的精神禁锢。

农民生活环境闭塞,因此对于社会的变迁表现出冷漠,懵然无知于社会潮流的走向,形成了愚昧守旧、胆小怕事的惰性,迷失了求强之心思变之欲。在一家一户的小生产模式中抱残守缺,在日复一日年复一年的吃糠咽菜中煎熬,甘愿逆来顺受。由于一家一户的生产方式,势单力薄,耕种技术落后,小农经济对抗自然灾祸的能力微乎其微,只好靠天吃饭,苟延求生。多少年来,大量农民家败人亡,卖牛马,卖车辆,卖农具,卖衣服器具,卖妻,卖女,卖儿,最后不得不把一点儿可怜的耕地也卖掉。

失去了生产资料,就等于失去了根基,失去了所有的依靠,只能转而寄人篱下租种地主土豪的土地。而土豪劣绅为富不仁,官、黑、富相互勾结。他们以血腥暴力图财害命。只要觊觎了谁的田产,必然夺之。如果稍有不从，就勾来黑帮混混，于夜间放火焚烧房屋财产，把人活活打死烧死。

当时报端有文记载："天昏地暗，世道无德，饿殍载途，白骨盈野。"

乡野坊间流传的一首歌谣，则更是入木三分："十担米，九抵租，苛捐杂税又来督。养儿女，靠秕谷，野菜和泪娃娃哭。百姓死，谁来管，问天问地无人怜。"

农民在苦海中拼死挣扎，他们一直认为穷人固穷，富人命好，人生一切都是上天的赐予，恪守命运是永恒不变的天道。

看风水，信阴阳，猜八字，建庙堂，到处乌烟瘴气；封建迷信，牛鬼蛇神，大行其道。它们把精神枷锁牢固地套在农民身上，让农民甘愿被奴役在三座大山的重压之下。

恽代英认为："真正了解农民生活的人，才会同情农民，才能为农民所信任。"他认识到，"改变中国农村的面貌，应该是有志青年的责任，尤其是师范学校的青年人，应该到农村去，到田间去，了解农民的痛苦，帮助他们找寻摆脱痛苦的方法，鼓励他们去为解除痛苦而奋斗。"

恽代英也曾编织过类似托马斯·莫尔式的乌托邦之梦，对"新村主义"怀有一种梦幻般的向往，他赞同新村所提倡的协力共同生活，这种协力，可以发展共同的精神，也可以发展自由的精神，他梦想开辟一块实现"未来之梦"的新天地，走出一条美妙之径。然而这种无政府、无剥削、无强权，既读书又劳动，前无古人后无来者的理想，犹如空中楼阁，描绘的前景动人，但无实际意义。

对此，陈独秀先生发文表达了自己的态度，及时对他空想社会主义的"未来之梦"提出了尖锐的批评，对恽代英的触动非常大，也使书社的成员受到了极大震动。

陈独秀指出，在社会的一种旧的经济组织生产制度没有被推翻前，一个人或是一个团体绝没有单独改造的余地。试问亨利·孚岱（法国无政府主义党人，曾在法国与比利时接壤处试办"鹰山共产村")所建立的新村运动,是否真的痴人说梦?

曾是利群书社成员的刘仁静,也在北京写来了一封长信,批评了他的关于"社会主义天国"的幻想,指出中国革命要想获得成功,就必须走苏俄布尔什维克的道路。

恽代英的朋友沈泽民、林育南等,用马克思主义的观点批判了"教育救国论"和他的"未来之梦",赞成用阶级斗争解决社会问题,诚恳地指出,教育救国,非把全部社会问题改造好了,是不会得到解决的。理想是对的,但必须审查社会情形和我们的力量,否则终究不过是个"理想",终究不过是个"梦"!

在革命实践中屡遭挫折的恽代英,通过讨论和朋友们的批评帮助,思想上发生了很大变化。他在回沈泽民的信中,完全同意沈有关教育的论点,赞扬沈看问题深刻透彻。他写道,反动统治阶级控制下的教育,只是为学生"造了个刮地皮、杀人的资格";"真觉这种多少有些饭碗主义的形式教育,是没有希望的"。他愤慨地说:"我决不容与迷信旧教育的魔鬼一同办旧学校了。"他逐渐地抛弃了"教育救国"的思想。

恽代英在给朋友们的回信中,剖析了工读互助团失败的主要原因,不是人的问题,而是现实社会的"经济压迫",他不无感慨地说道:"利群书社的一年,真是饱受了经济压迫的况味。"

恽代英经过正反两方面的经验教训,终于认识到避免革命的手段推翻剥削统治阶级,以工读主义的"共同生活"的扩张和用经济来压服资产阶级,从而改良社会使人世间变成"社会主义天国",永远只是幻想。他终于抛弃了空想社会主义和改良主义,彻底确立了对马克思主义的信念。

1921年7月,恽代英参加了少年中国学会在南京举办的年会。会上,以邓中夏、高君宇等具有初步共产主义思想的知识分子和右翼知识分子,就走马克思主义的道路还是改良主义道路展开了激烈的争论。这场针锋相对的争论,进一步触动并教育了恽代英,使他认识到大有为学会树立一面明确旗帜的必要,实无调和的余地。

恽代英回到武昌，和林育南决定在利群书社的基础上构建一所类似于苏俄布尔什维克的组织。经过组织发动，在湖北黄冈回龙山区一所学校内创办了由20多名进步青年组成的"共存社"，确立的宗旨是拥护马克思主义，主张用阶级斗争和无产阶级专政的手段，实现没有剥削没有压迫的社会主义。这表明共存社是一个具有共产主义小组性质的革命团体。

这一年的7月，中国共产党在上海成立了。10月，恽代英找到"共存社"会员黄负生，交给这位"共存社"经济干事一笔会费时，黄负生问恽代英对入党的看法。恽代英郑重地说："建党之事，武汉党的负责人也曾和我谈过；参加共产党的事，我准备直接和上海联系解决。"与黄负生谈话后，恽代英就向中共上海党组织发信，请求加入中国共产党。不久，他接到上海党组织接受他入党的来信，正式加入了党组织。从此，恽代英由激进民主主义者转变成具有共产主义思想的知识分子，走上了马克思主义的道路。

十六、革除教育弊政

1921年秋，恽代英收到了来自川南师范的聘请，请他到那里去任教。当时四川军阀杨森担任川军第九师师长兼领永宁道尹，辖川南25县，驻防泸县。杨森与永宁道尹公署教育科长卢作孚拟在川南改革教育，改革社会，"建设新川南"。重庆川东道尹公署秘书长陈愚生就推荐恽代英到川南师范学校任教务主任。

泸县是永宁道尹公署驻地，交通便利，工商发达，是个富庶之乡。五四运动后，这里的新思想一直十分活跃，且聚集了一些新派人物，是一个寻找希望的地方，川南师范学校就位于这里。

是否成行，几位朋友给出的态度比较犹豫，他们对于恽代英的赴任深表担忧，原因是军阀杨森在刘湘的支持下得以返回四川盘踞，身为四川军阀集团的核心人物，一向朝秦暮楚施政无常，滥用权力枉杀无辜,他因为几句冲撞的话就可以杀人于非命。杨森流氓成性,无恶不作,其斑斑劣迹排列起来可称军阀大员之最。

杨森是军界政坛的阎王爷,没人能说清其屠刀下流淌了多少工人农民、青年学生和进步人士以及反对力量的鲜血。可以设想,恽代英到了此地开展革命活动,无异于身处险境。出于安全的考虑,林育南联合了十数名共存社骨干成员,劝告恽代英暂缓四川之行。

恽代英还是出发了。他认为此次赴川固然颇多凶险,但是要兴学和传播马克思主义,就必须不断开拓。他看到了时局的另一面,杨森正在被大潮裹挟,极力标榜民主,伪装进步,聘用一批进步知识分子担任教师,这种情形之下,还是可以有所作为的,遂告别朋友们于1921年10月初择日登程,离开了武汉。

船舶航行了三天三夜,到达了中途的四川万县。恽代英被企图索要钱财的军阀关卡扣押,直到第二天才被释放。10月21日,恽代英终于到达重庆。23日他在重庆联中发表演讲,题为《教育与未来》,对自清末以来教育弊端的方方面面,旁征博引予以鞭笞,并探索了未来教学改革发展之要素,其见解精辟,令人闻之有如醍醐灌顶。一时间,师生奔走相告,皆以能听恽代英演讲为一快事。

次日,联中教务处主任带领十多名学生代表,盛情挽留,请恽代英留下来做联中的训育主任,恽代英因此前已经有约,遂谢绝了他们的一番好意。25日,他又应邀到川东师范演讲,然后带着数名慕名相随的学生走旱路朝泸县进发。

到达泸县,也就是历史上的泸州,已是10月的最后一天。

步行至川南师范时适逢周日。校园一片沉寂,大门一侧的昭示牌告诉恽代英,学校的前身是1901年创办的经纬学堂,1902年改名为川南师范学堂,是在维新运动推动下创办起来的一所"新学",是川南唯一的师范学校。学堂既得风气之先,向往新思想的青年亦多来就学。校内曾组织"输送学社",灌输民主革命思想,部分学生后来加入"同盟会",如黄复生、谢持、黄方、曹叔实、陈漱云,还有初系同盟会会员后为共产党员的吴玉章等,他们积极参加了推翻清王朝的革命斗争。辛亥革命后，遵当时教育部的规定，于1913年正式命名为"川南联合县立师范学校"。

恽代英顿觉心情激荡，行囊未置，便走入校区，深入到师生中，了解校情校况。他发现这里虽然教舍简陋，没有操场，图书文体器材更是短缺。但是这里的教师中不乏思想进步、主张革新的有识之士。他们不满于重儒教、轻科学这种陈腐落后的教育方式，认为已经阻滞了社会科技进步和国家的发展。川南师范的学生思想活跃，对通过改革教育学到真才实学，并能用之改变社会，服务国民，寄托着期盼。

这让恽代英对未来感到兴奋，他断定"此校比较或有改造之望"，随即开始了他主持川南师范校务后的宏伟计划。

恽代英大刀阔斧地革除封建教育弊政，倡导新民主主义，提出了"学校公有"之设想。他重申要防止校长或少数教职员私行特权、排挤异己、引用亲信、擅用学校经费，就极有实行"学校公有"之必要，瞬间在学校掀起大潮。为了切实实现学校公有，他倡导学校设立了"校务委员会"，吸收学生代表和教师参加，成员由师生共同民主推选产生。学校的各种计划和学校的各种款项支配，由校务会议决，全校严格遵守；同时，还从校务会中选出7人组成"经济委员会"，轮流检查学校的财务情况，推行"校务公开制"；学校聘请教师或是辞退教师，也要征求学生的意见，学生也可以"择师"。

但出乎意料的是，校改之中一波三折，那些既得利益者，那些徒有虚名的南郭先生们，因动了他们的奶酪而歇斯底里，而失去理智，上蹿下跳。他们网罗牛鬼蛇神，设摆香案，燃烧纸马问卜上苍，闹得乌烟瘴气，图谋用封建迷信来左右校改，阻止校改。

他们在一系列动作没有奏效之后，滋生事端，勾结地主恶霸豢养的狗腿子和黑帮混混毁坏校舍，捣毁校具，企图以恐吓和破坏手段来达到不可告人的目的。恽代英不为所动，静观事情发展，发动学生在师生启示栏张贴见闻，提供线索，揭发不端行为。大家起来了，真相很快败露，抓到了一手证据。最终，那些封建遗老乖乖地被学生们"择"掉了，并要他们道歉和照价赔偿各项损失，甚嚣尘上的邪气被压了下去。

校改后的学校教学大为改观，恽代英自己也提起教鞭，出现在一时还没有聘来教职的各科讲堂。他的博学多才，他的风范魅力，让川南师范学校的学生们佩服不已。由此川南师范声名远播，许多家长带着学生择校而来。

同时，恽代英还利用课余和教授外文的机会，宣传渗透马克思主义的理论学说，将自己翻译保存的马克思经典著作在学生间秘密传看，把进步教师和进步学生团结起来，成立童子军巡回讲演团，寒假之际深入隆昌、内江、自流井、富顺、南溪、合江等地，往返数千里，讲演20多场。让大家在与工农密切接触之中，亲眼目睹种种剥削压迫现状，通过了解农村、农事、农民，激发起他们的革命激情和爱国热情。

十七、针锋相对

1922年春夏之交，川南师范的校长王德熙调往富顺县做知县，恽代英接任川南师范学校的校长。

恽代英担任校长后，校改积极向纵深推进，先后聘请了才华横溢的革命志士如萧楚女、李求实等担任教师，学校呈现了前所未有的民主气氛。学校分设文史、数理专业，学习科目逐渐增多。其中文史分为学术、美学、韵文、国语和应用文等；概论之类的学科有文学、国学、史学、教育与科学等；此外还有伦理学、心理学、社会学，中国历史、世界历史、中外地理，甚至还有《马氏文通》。川南师范学校迅速改变了面貌，成为四川的知名学校，由于青年争先恐后地报考，以致学校不得不增加校舍，在泸县城郊设立分校来容纳学员。

清末学者马建忠所著《马氏文通》是我国第一部用现代语言学理论研究中国语法的著作，1898年由商务印书馆出版。该书把西方的语法学成功地引进中国，创立了第一个完整的汉语语法体系，在我国语言学史上具有划时代的意义，奠定了中国现代语言学的第一块基石。

19世纪末，清政府极端腐败。帝国主义的坚船利炮，轰开了闭关锁国的中国之门，也震醒了中国人民，尤其是当中的一批先进知识分子。马氏作为当时进步的爱国知识分子之一也在探索科学救国的道路，他认为中国贫穷落后的原因，在于掌握知识的载体——汉语太难，难的原因是"隐寓"在汉语中的"规矩"也就是语法规则没有被揭示出来。这就使得国人"积四千余载之智慧材力，无不一一消磨于所以载道所以明理之文"，这样，要想与"达道明理之西人相角逐焉，其贤愚优劣有不待言矣"。这是马氏的见解，当然也是恽代英等有识之士对现代汉语教育情有所钟的旨在。这样一来，学生的学业与世界文明接轨的能力得以加强，更符合服务社会学以致用的目的，自然为学生们所青睐和欢迎。

恽代英认为，学生德智体全面发展为第一要务，知识与政治和道德相结合更有意义，如此方能铸就社会良才。

在恽代英的组织和领导下，1922年5月，川南师范成立了马克思主义研究会，组织进步学生学习《共产党宣言》《马克思主义和修正主义》等马列著作和进步刊物。青年教师刘愿庵（后来加入中国共产党，任中共四川省委书记，1930年遭叛徒出卖英勇就义）就是在此与恽代英结识，立志"以谋中国人民及全世界被压迫者的胜利为终身事业"的。还有青年学生张霁帆（曾任中共豫陕区委委员兼共青团区委书记；1926年在上海向党中央汇报工作后返河南，途经徐州被反动军警搜出进步书刊而被逮捕，遭到敌人严刑拷打，残暴的敌人竟用毒药将他杀害于狱中）、余泽鸿（中央红军长征进入云南扎西地区时任川南特委宣传部长；1935年12月，由于叛徒告密，川军及李品山保安大队将余泽鸿部包围在江安的碗厂坡，余泽鸿率游击队突围时壮烈牺牲）等多人参加社会主义青年团，成立了泸县最早的团组织，为建立党团组织奠定了基础。

伴随校改的发展，恽代英积极创办了一所女子师范，吸纳勇于冲破封建礼教的进步女青年入校学习文化，掌握应用于社会的本领，为走向社会、服务社会、自立自强培养人才。

一石激起千层浪，川南师范女子师范分校的消息在泸县方圆三百里境内广为传播，恽代英办校的影响力之强劲，不但吸引了进步女青年入学，而且一些开明父母也主动带着孩子慕名远途而来。有一位做小生意的老人有5个女儿，他带着一家人的寄托来到学校，表示自己一定要让女儿入女子师范学有所成，以后可以回乡办一个招收女孩儿的学校。

　　与此同时，恽代英又在泸县县城一个名叫"小市"的地方开办实业学校，采取半工半读的方式。农民的儿子韩文波家境贫寒，苦心读书，带着残疾的母亲一边上学一边打工自助完成学业，其学习成绩名列全校第一，并且后来传出一段爱情佳话。女子师范学生齐啸月因慕其美德而与其相爱，毕业后结婚创业，成功开办了一家皮革作坊。他们夫妻为感谢恽先生，但凡有穷人求助者，一律以恽代英的名义解囊相助，在当地受到乡邻的敬慕。

十八、不惧土豪劣绅反攻倒算

　　泸县白塔寺活跃着一个通俗讲演社，在那里云集了方方面面的人才，许多思想进步的青年和有识之士登台亮相，发表新锐的言论。恽代英闻讯后深感振奋，意识到那里恰是一个宣传革命思想的舞台，于是他约定时间，每个星期都去演讲。他以幽默风趣睿智的思辨力，结合百姓身边发生的事情，畅谈国内外时事政治产生的影响，讲述五四运动后反帝反封建的意义所在。他是湖北人，讲话带有方言口音，可是他吐字清晰，声若洪钟，无论听众提出什么样的问题，总是态度和蔼地进行讲解，旁征博引娓娓道来，令人耳目一新。

　　恽代英讲道："五四运动乃救亡与启蒙之爱国运动，所呼唤的科学和民主精神，体现了民族的情感、民族的道德，亦构成了民族之魂。视国与民的利益重于、高于一切，乃我等青年之未来毕生之追求。"

　　有一位读书人提问：鼓噪资本主义兴国、标榜人不为己天诛地灭的亦有人在，且其势力不可小觑也。

恽代英明白所谓"不可小觑"是有所指的，一定指的是军阀政府贪官污吏、土豪劣绅乡霸帮会势力，他们竭力反对传播马克思主义，反对社会主义，污蔑马克思主义学说为洪水猛兽。

恽代英举重若轻，谈古论今，旁征博引。他阐述了各代封建王朝的剥削压迫，使得民不聊生，以及西方资本主义依靠掠夺图谋发展的非人道性，及其原始积累过程中的各种罪恶。

恽代英说："资本主义兴国，是反动官僚和富人的言论。资本主义已经暴露出来的、已经祸及人类的重重问题，使得构建'兽性文明'的资本主义本身无法来解决，跟在资产阶级后面跑的修正主义更是徒劳，只有马克思主义、列宁布尔什维克主义、社会主义能解决社会根本问题。所以五四运动之后，一大批中国的民主主义者已经不再信奉狭隘的资本主义民主，转而探求真正的人民民主，逐渐转变成旨在消灭剥削制度的社会主义者了，这是真正意义上的进步。"

大厅里静悄悄的，鸦雀无声。人们都在专注地聆听，犹如久渴逢甘霖一般。为了提问题时不打断讲演，有的悄悄递上来纸条。有人忐忑担忧："宣扬于中国有益的主义，却必然地要遭到军阀政府的压力和威胁，怎么办？"

恽代英凭着非凡的记忆力，当场背诵了列宁的一段话："几何公理要是触犯了人们的利益，那也一定会遭到反驳的。自然史理论触犯了神学的陈腐偏见，引起了并且直到现在还在引起最激烈的斗争。马克思的学说直接为教育和组织现代社会的先进阶级服务，指出这一阶级的任务，并且证明现代制度由于经济的发展必然要被新的制度所代替，因此这一学说在其生命的途程中每走一步都得经过战斗，也就不足为奇了。官方教授按官方意图讲授资产阶级的科学和哲学，是为了愚弄那些出身于有产阶级的青年。这种科学对马克思主义连听都不愿听，就宣布马克思主义已经被驳倒，已经被消灭。无论是借驳斥社会主义来猎取名利的青年学者，或者是死抱住各种陈腐'体系'遗教不放的龙钟老朽，都同样卖力地攻击马克思。马克思主义的发展、马克思主义思想在工人阶级中的传播和扎根，必然使资产阶级对马克思主义的这种攻击更加频繁，更加剧烈，而马克思主义每次被官方的科学'消灭'之后，却愈加巩固，愈加坚强、愈加生气勃勃了！"

在场的听众几乎是以全场自动起立的方式，对恽代英的演讲报以热烈的掌声。

1922年暑假，川南师范争取到了一笔拨款。恽代英携带这笔钱到上海为学校采购书刊仪器等，踏上了东去的路程。

此期间，风云突变，四川政局发生动荡，军阀混战，曾经标榜新潮的军阀杨森被另一个军阀赖心辉赶跑。旅长张英被任命为永宁道尹，与当地土豪劣绅乡霸帮会沆瀣一气，侵吞教育经费，并疯狂制造谣言，攻击恽代英"挟财远逃"，委任被恽代英和学生们撤换掉的罗毓华担任代理校长。罗毓华反攻倒算，凡是恽代英支持的他都破坏，凡是恽代英废除的他都恢复，将学校的校改规划全部推翻，撤销校务会，废除学生自治权，那些以前不受学生欢迎的南郭先生们嚣张起来，攻击恽代英领导的川南师范是"罪恶渊薮"，谩骂进步学生是"造反分子"，把校办食堂包给其亲属经营来牟求私利，以种种卑劣手段对新生事业实施全面打压。

军阀旅长张英与罗毓华及其追随者的狼狈为奸，激起了全校学生的愤怒，学生们在校门扯起条幅，高呼：

"反对借机肥私，反对校食堂外包！"

"反对捏造谣言污蔑贤良！"

"反对摧残学生摧残教育！"

学生们结队去道署请愿，并提出：

"要恽校长，不要罗校长！"

"破除阻碍生命和人格自由的恶魔！"

"保全川南二十五县培养教育人才的学校！川南师范公有运动不达目的宁死不止！"

然而，军阀断然拒绝学生们的正当要求，还以追随恽代英、参与新思潮运动、造反扰事为"三种人"之名，开除了6名学生。

面对高压，学生们不屈不挠，同军阀张英进行针锋相对的斗争，在校墙张贴讨罗檄文，公告全校：

"恽校长一定会回来的！"

"誓与川南师范共命运！"

军阀旅长张英恼羞成怒，出动军警镇压学生运动。他下令所属各县学校，凡接受了新思潮新思想的师生员工全部辞退和开除，把泸县图书馆和县属各学校所有宣传新思想新思潮的书籍列入"禁书"，予以查封和焚毁。

在风起云涌之际，从上海办完公务的恽代英于9月下旬终于回到了学校。

罗毓华闻讯后惊恐万状，纠集那些"受过迫害"的反动分子，在张英面前污蔑恽代英"制造冤假错案"，说什么"他若再任校长必会清算我们这些受过迫害但已经被张长官昭雪的人等"，喊冤叫屈，乞求张英彻底解决"共产余孽恽代英"以绝后患。

军阀官僚与罗毓华本就臭味相投，此时自然要充当旧势力的保护伞。张英收受了罗毓华的贿赂，遂命令副官武力扣押了恽代英。

倒行逆施，搞反攻倒算不得人心，他们独霸校园的诡计很快破产。全校的革命师生经过各种途径得到恽代英的确切消息后，如同火山爆发，组织了游行示威和大罢课，坚决反对扣押恽校长。一时间，大批师生带着食物被褥到监狱去陪伴他们敬爱的恽校长，成群结队的师生到道署请愿，在街头发表宣言谴责军阀张英和罗毓华的丑行，表示决心与反动势力斗争到底，恽校长一日不释放则斗争一日不停止！

十九、上海之行的重大收获

恽代英的上海之行，收获很多。

到上海为学校采购书刊仪器，恰好提供了一个再合适不过的机会，以赴不久前接到的邓中夏、高君宇二人的热切之约。作为一名共产党员，他迫切地想了解建党两年以来，党的工作的进展情况。

1922年7月中国共产党第二次全国代表大会以后，中央委托上海地委代行区执行委员会的职权，上海地委遂改建为中共上海地方兼区执行委员会（中共上海地委兼区委），其组织范围扩大到领导江苏、浙江两省党的工作，徐梅坤、邓中夏先后出任委员长一职。

8月17日，北京《晨报》刊出《中国劳动组合书记部总部邓中夏等关于劳动立法的请愿书》。请愿书以中国劳动组合书记部总部主任名义，与所属的武汉分部林育南、上海分部袁大时、湖南分部毛泽东、广东分部谭平山、山东分部王尽美等人联名签署。

请愿书指出：欧美诸先进国积多数之经验，遂获莫大之教训，于是保工条例，律有明文，而从前贫苦无告之劳工，亦得渐与普通人民立于平等地位，而国运亦得赖以苟且粗安。最近如苏维埃俄罗斯，更完全由劳动者建设劳农政府，掌握政权，国内宪法，悉由劳动者手定，即此可知一国劳动者立于建国上重要地位，此乃世界自然进化公例，毋庸置疑者也。

请愿书强调：国内工人亦当受法律保护，不得任意歧视。且以全国人民而论，工人实占最大多数，依据最大多数最大幸福的原则，岂能舍弃工人而不顾。况立国基础，全凭国内生产者为之柱石，而消费者不与焉，此稍知近代政治社会经济诸状者，莫不异口同声，共畅斯旨，而工人在社会完全为生产者，在国内各阶级中用力最多，境遇最苦，而对于国家社会功绩又最巨……无论从何方面说来，今日劳工法案皆应有成立之必要，尤应规诸根本大法之内。

8月19日，恽代英在客栈意外发现了刊登《中国劳动组合书记部总部邓中夏等关于劳动立法的请愿书》的报纸，因此决定立即赶往邓中夏处。

躲过路上巡警和保安的巡逻盘查，待到敲门时已至上灯时分。正在上海的邓中夏、高君宇等人，与一路风尘的恽代英亲切相见。

邓中夏，又名邓康，湖南宜章人。1915年就学于长沙湖南高等师范文史专修科，1917年入北京大学国文门学习。在李大钊的引导和十月革命的鼓舞下，邓中夏开始研究马列主义，并积极投入当时的反帝爱国斗争，成为学校中的积极分子。1919年3月，邓中夏等发起组织旨在"增进平民知识，唤起平民之自觉心"的北京大学平民教育讲演团，带领讲演团的同志到街头演讲，使群众懂得了许多反帝反封建的道理。5月4日，邓中夏和北大同学一起，参加了具有历史意义的反帝爱国运动。5月6日，北京中等以上学校学生联合会成立，邓中夏被推举为北京联合会总务干事。1920年3月，在李大钊的领导下，邓中夏、罗章龙等秘密组织了马克思学说研究会。1920年5月18日，邓中夏来到长沙，和老朋友毛泽东一起商量成立湖南学生联合会，并加入全国学生联合会。1920年10月，邓中夏参加北京的共产党早期组织北京共产主义小组，1922年7月在中共二大上当选为中央执行委员，是马克思主义理论家，也是工人运动的领袖。

高君宇，原名高尚德，字锡三，山西静乐人。五四运动时为北京大学学生会负责人。1920年与邓中夏共同组织马克思学说研究会。1921年加入中国共产党。1922年当选为中国社会主义青年团第一届中央执行委员，在中共二大上当选为中央执行委员。

这次会见中，邓中夏与高君宇讲到三件事：

一、党的二大已经制定了第一部《中国共产党章程》，决议案阐明了党的性质，强调指出：我们共产党，不是"知识者所组织的马克思学会"，也不是"少数共产主义者离开群众之空想的革命团体"；"应当是无产阶级中最有革命精神的广大群众组织起来为无产阶级利益而奋斗的政党，为无产阶级做革命运动之急先锋"。党章对党员条件、党的各级组织和党的纪律作了具体规定。大会发表了具有重大历史意义的宣言。宣言根据列宁关于民族殖民地问题的理论和党成立后对中国革命基本问题的探索，分析了国际形势和中国社会的半殖民地半封建的性质，阐明了中国革命的性质、动力和对象，制定了党的最低纲领和最高纲领。党的最低纲领，即党在民主革命阶段的主要纲领是：消除内乱，打倒军阀，建设国内和平；推翻国际帝国主义的压迫，达到中华民族完全独立；统一中国为真正的民主共和国。然后再进一步创造条件,以实现党的最高纲领:"建立劳农专政的政治,铲除私有财产制度,渐次达到一个共产主义的社会。"宣言为中国各族人民指明了现阶段革命斗争的任务和方向。为了贯彻执行党的民主革命纲领,大会通过《关于"民主的联合战线"的议决案》,号召全国的工人、农民团结在共产党的旗帜下进行斗争;同时联合全国一切的革命党派,联合资产阶级民主派,组织民主的联合战线,以扫清封建军阀和推翻帝国主义的压迫,建立真正民主政治的独立国家。

二、即将召开的中央杭州会议,根据共产国际指示和马林建议,为建立民主联合战线,决定在孙中山改组国民党使之成为民主革命统一战线组织的条件下,由共产党少数负责人先加入国民党,同时劝说全体共产党员以个人名义加入国民党。

三、安源路矿1.7万多名工人在毛泽东、刘少奇等组织领导下,成立的安源路矿工人俱乐部得到巩固和发展,时机成熟,即将举行罢工斗争。

恽代英闻此消息非常兴奋,通过这次上海之旅,进一步了解到共产党领导的革命斗争正如火如荼地在各地有序展开;认识到共产党是真正为人民利益而斗争的政党;而加入这个组织,献身于这样的党,是有识有志者最为理想的选择。

这天,恽代英、邓中夏、高君宇三位在交谈中推心置腹,话题广泛,非常深入……

二十、在成都宣传马克思主义

因川南师范学生抗议扣押恽代英,军阀旅长张英被学潮搞得焦头烂额。他清楚地知道,事态正朝着不可收拾的方向发展,便丢卒保车,撤换掉了罗毓华,免去其临时校长之职。但他不甘心就此失败,下令开除了100多名进步学生,并通知各校不得接收被开除的学生。

压迫愈甚,反抗愈烈,事实再次印证了这一千古不变的真理。

学生们愤慨地聚集在一起，决定联合起来进行反抗。他们集会、演讲，在社会上公开揭露张英与罗毓华勾结的种种不端行为，把川南师范遭受的破坏和损失告知社会，使得他们的丑行大白于天下。

川南师范学生们的正义之举，获得了四面八方的支持。泸县城镇所有的学校一致声援川南师范学校进步学生的正当要求，四川各地的学校也纷纷群起响应，规模空前的学潮席卷全省。与此同时，众多学生家长出动，有工人也有农民，他们云集道署门前，为子弟讨说法。

张英彻底泄气了，无奈中只得请川南师范的吴子俊先生出面斡旋。

吴子俊是泸州会文乡奇桠树人，比恽代英长10岁，1885年生。吴先生1905年加入同盟会，1911年考入四川省师范学校，1913年毕业后一直在川南师范学堂执教。此公为饱学之士且足智多谋，为人一身正气，做事从不含糊，所以，在泸县远近百里提起他，无人不晓，无人不对其景仰钦佩之至。吴子俊回泸，众人喜出望外，争相延聘。他不为金钱所诱，主动降薪以避免因收入差距过大引起同仁的自卑感，欣然兼任泸县中学、泸县女子师范学校的理化课，每日往返各校，不知疲倦，尽心尽责。恽代英辞退那些不称职教师时，十分钦佩吴子俊的才德，不仅亲自延聘，且与之推诚相见，凡事多有交流，可谓心有灵犀，志同道合。

张英以永宁道尹身份请出吴，并请吴出任代校长，目的是为缓和矛盾，一日接连派出三拨人马与吴子俊先生联系。吴先生见火候达到，便提出自己的条件：一是要我担任代校长，必须先释放恽代英；二是对被开除的学生废除开除令，走留随便；三是校务民主。此三项不答应断不敢应允受职。

吴先生的执着令张英无奈，只得同意吴先生具结担保，将恽代英释放出狱。

漫天的乌云，阴沉沉地笼罩着大地，在远方的云缝里露出几道淡淡的阳光。

一位狱警把恽代英送出监狱的大门，低声地说："先生走好。我知道你是好人，我读过几天川南师范，听过你的演讲，懂得你是一个有正气的人。因家境贫寒我不得不辍学，来这里谋一份差事，养家糊口。如果哪天好转了，我会再去上学的，聆听你的教诲。"

恽代英朝狱警微微一笑，然后面对着凛冽的寒风，用手梳理了一下头上的长发。他已经好长时间没有刮掉脸上的胡须了，看上去似乎不像一个文化人，一个教书先生，一所名校的校长，而更像一个走万里路的行者，一个从枪林弹雨中奔袭的勇士。

"你好恽先生！"吴子俊出现在身边。

"恽校长，我们大家又见到您了！"

一群学生蜂拥而至，他们一起众星捧月般簇拥着恽代英朝学校走去。

回到了相别数日的川南师范学校，吴子俊先生提出继续由恽代英担当校长之职，自己决定辞去代校长职务。吴先生说："教理化课才是我的专长，而且也是我多年一直喜欢的专业。管理学校担当校长，你更有经验，更能胜任这个职务。"

学生们纷纷请求恽代英继续担任校长，主持校务。学生代表历数了恽代英到川南师范任职后发生的所有变化，并呈上一些家长对校改工作给予的感谢信。大家的心愿只有一个，就是请恽代英校长留下来，继续留在川南师范。

经过深入思考，恽代英还是决定离开泸州，辞去校长一职。

恽代英告诉大家，吴子俊先生有德有才有能力有魄力，同样能做好川南师范的事情，而自己已经应成都高等师范学校校长吴玉章和教务长王右木先生的聘请，准备到成都高等师范学校任教，相信大家以后还会相逢的。

1923年3月，恽代英告别泸县，去成都与四川最早的马克思主义传播者吴玉章、王右木二位先生相见。

吴玉章，四川省自贡市荣县双石桥蔡家堰人，自小忠厚笃诚，坚韧沉毅，喜读史书，学识渊博，有"金玉文章"之誉。清末，经戊戌变法、辛亥革命。1911年4月革命党人在广州黄花岗起义，奉令购运军火。起义失败，返川领导保路运动。9月到荣县，助龙鸣剑、王天杰组织民军北上会攻成都，亲自训练民团，筹措粮饷，支援前线。民军挥师回荣，吴玉章不失时机，与赵艺西、龙鸣剑等人积极配合，于9月25日宣布荣县独立，在全国率先脱离清王朝建立军政府；又赴内江，联络鄂军中党人处死清廷大臣端方，11月26日领导内江独立；后乘夜赴渝，清除内乱，巩固了蜀军政府。1917年在北京创办留法勤工俭学预备学校，选送了留法学生包括周恩来、王若飞、蔡和森等近两千人。五四运动时期，吴玉章接受科学社会主义思想。1922年到成都，任成都高等师范学校校长，传播新文化新思想，组织马克思主义团体，举行报告会、演讲会，组织和引导积极分子声援湖南第一纱厂罢工事件，支援开滦工人罢工斗争。

如今，吴玉章的好友恽代英已经到来的消息，无疑是激奋人心的事情，立刻在成都高等师范学校师生中引起轰动。

恽代英带着他的学生张霁帆、余泽鸿等到达成都，与王右木共同在西南公学主持召开了数百人参加的马克思诞辰105周年纪念大会。恽代英在会上做了关于马克思的学说和生平事迹讲演，受到与会师生的热烈欢迎，会后要求参加马克思主义读书会活动的达到近百人之众。恽代英又多次在学校讲解革命理论，成都高等师范学校很快成了四川进步势力的大本营。他们组织进步学生深入到工厂、丝织作坊和教会学校工友中，宣传社会主义思想，组织工会，发动罢工，还深入到近郊农村发动农民组织农会。

许多青年，正是在恽代英的影响下走上了革命道路，同时，也向恽代英倾诉了自己的一些困惑，恽代英以聚会和书信往来的方式，一一作出答复。

有人主张学生政治运动要不染党派色彩。恽代英指出，一些自命无党派无色彩的人，对中国亦全无办法，只能袖着手批评别人。"人要完全没有色彩，只好永远说些不着边际的话，做些不着边际的事。"

针对一些人"不党"而营政治生活的想法，他诚恳地指出："一个人孤立的力量，不协同人家，不提携人家，你能做什么事呢？我们必须靠团体才有力量，必须靠会社，靠党，不然，我们将永远屈服于黑暗势力之下。"他极力主张造党救国，"我们必须为中国造一个最有力量的革命党，除了这没有法子救中国。"

有人说："即使要救国，亦不必加入任何政党。"针对这种观点，恽代英指出："我们并不说不入政党的人便不爱国，只是虽爱国而以孤立而散漫，无法打倒一般狐群狗党，所以爱国亦只是一句空话而已。"

有人以学生的主要任务是读书，学生课业繁重为由，叫学生不必与闻政治，不必入党。恽代英认为，一个人无论是哲学家或数学家，他永远是社会的一分子，永远是政治的生物，因而无法脱离政治。他还认为，党员不是不学无术的政客，读书与入党并不矛盾，"以为入政党便可不读书，这只怪他根本不知政党是什么"。

有的人认为加入政党就会受人指挥，处于被动，丧失独立自由和主动的精神。对此，恽代英分析道：一方面，加入一个政党，首先是认同了政党的主义，这是主动和自由的表现。"我们服从于与我们同一主张的党纲与党魁，便只是服从自由，岂有减杀独立自由精神的事？"另一方面，加入政党后，必须要受纪律的约束，才能形成一个有力量的作战团体。"倘若必须要一个群众的政党，想事事不带一点儿被动性质，可断言无此事理。"恽代英把主义与纪律视为革命政党必须具备的两种要素；他不仅要求党员服从主义和纪律，还要求党员必须同时督促主义的实行和纪律的执行。

还有一些来信反映出许多青年学生对于当时中国政党状况的悲观心理，特别是因一些革命党员个人行为的不当而怀疑，而不信赖革命党，甚至不信赖革命。

还有的人因为革命党内有假革命分子、腐败分子和变节堕落的分子而对党失望。

对此，恽代英指出，不可否认，这些人的存在会对党的信用造成伤害，然而我们的问题不在某个革命党员的堕落，这是他个人的事，我们的问题是怎样造成一个强固的民众运动和一个强固的革命党，使党的主义能得以贯彻始终，使党的纪律能得以坚决执行。"我们要在不痛快的环境中，努力宣传奋斗，使真革命的分子态度越明显，假革命分子自然受淘汰"。

1923年6月，恽代英接到邓中夏的来函，由于形势的需要，希望他到沪担任上海大学的教职，于是恽代英与吴玉章先生挥泪惜别，乘船离开成都奔赴上海。

二十一、创办《中国青年》杂志

中国社会主义青年团第二次全国代表大会，于1923年8月25日在南京闭幕。在会议上，恽代英当选为候补中央执行委员，不久增补为中央执行委员，负责宣传工作。会议通过了《教育及宣传决议案》，明确指出："教育工作是本团根本工作之一，以共产主义的原则和国民革命的理论教育工人、农民、学生群众是本团最重大的责任。"面对热流涌动的革命形势，创办对青年"不仅起到思想教化作用，而且号召进步青年走上革命道路"的宣传平台，已经至为重要。

恽代英回到了上海，与邓中夏一起筹办中国社会主义青年团机关刊物。他废寝忘食、夜以继日地操劳，其间因感风寒头痛寒战高烧时，亦无暇问医。朋友担心其身体透支过度，数次劝其休息，但是恽代英依然"我行我素"，带领大家赶时间、抢进度，使得《中国青年》杂志于1923年10月20日正式创刊。

从此，在中国大地茫茫黑夜的上空，多出了一个耀眼的星星；在进步青年们前进的道路上，又吹响了一支惊天动地的号角。

《中国青年》开始为周刊，主要介绍马克思主义的基本理论知识和宣传革命道理。恽代英作为《中国青年》的创办者、首任主编、主要撰稿人，勤奋写作，精心编辑，努力在政治上指导青年，号召知识青年"到民间去"，到工农运动中去。《中国青年》就青年关心的学习、组织活动、婚姻恋爱、失学、失业等各种问题开展讨论，批评不健康的思想和风气，指导青年学习马列著作，努力培养青年的革命人生观；在编排上，努力适合青年的特点，设有批评、时事述评、书报评论、文艺、通讯、我们的时代等专栏，文字明白晓畅，笔锋尖锐犀利，配有漫画，图文并茂；重视同读者的联系，发表读者来信来稿，征求读者的意见，引导文艺青年关心社会现实，接近工农群众，投身革命斗争，培养革命感情，反对"为艺术而艺术"的主张，反对个人享乐与颓废悲观的倾向。

《中国青年》继承和发扬了五四时期的生动活泼、热情说理、平易亲切的文风。由于恽代英和萧楚女两位主编的双剑合璧，扎实的内容和活泼的形式吸引了读者，使《中国青年》一经问世，便成为最受青年欢迎，在青年中广泛流传，且印量呈现不断递增之势。

《新刊批评》专栏执笔萧楚女参加聚会，带回来信息：在诸多学府，《中国青年》正在成为学子们私下争相授受的礼品，因提倡"革命文学"和革命文艺思想的传播，被进步学生视为"儆醒人们革命自觉和革命勇气"的精神佳肴。

恽代英谈到了时下某些文人政客的荒谬：宣扬所谓的"为艺术而艺术"，反对文学为现实生活所限制，反对文学艺术反映社会问题，反对文学艺术有实用的目的。这些荒谬的腔调，无非是对摒弃社会责任和哗众取宠的诡辩。为艺术而艺术，自视玄妙，实无价值。为艺术而艺术或许可以热闹一时，终因对社会有害，为社会所抛弃。

萧楚女表示赞同：侈谈所谓"为艺术而艺术"的所谓艺术家们，并不是真正懂得了艺术的本质及其内涵，不过是因不敢直面社会所表现出来的懒惰和走偏。

恽代英将自己与萧楚女的这番谈话写成了一篇《文学与革命》的文章，发表在《中国青年》杂志上，指出："先有革命的感情，才会有革命文学"；欲做一个革命文学家，"第一件事是要投身革命事业"，做脚踏实地的革命家，培养革命的感情。

在知识界和文艺界引起强烈反响之际，《中国青年》陆续发表恽代英谈学生运动的文章，更是一石激起千层浪。文章直言宣告学生运动的目的,是使学生不受反动派思想的影响,并且能够接受革命思想,成为革命群众,团结起来,进而能够致力工人运动、农民运动。

《中国青年》的传播犹如野火春风,其强劲的势头令反动派和帝国主义及其走狗们头痛和战栗。

一天,萧楚女从邮局回来,带回的信息是:反动派和帝国主义的阻挠与打击日甚,军阀政府已经通令全国,禁止邮局寄送《中国青年》,查禁刊物和查封印刷厂。

反动势力这种下作的手段是无法扑灭革命之火的,众多的进步青年都是自发传播《中国青年》,他们遍及全国,已成燎原之势。从此《中国青年》改变方式,通过各种渠道,源源不断地传送到全国各地,传送到热血青年们的手中,有的报童甚至以能够暗中传送出这份杂志为神圣之事。

在恽代英担任主编期间,他以多个笔名在《中国青年》上发表了大量文章,抨击现实,切中时弊,道出了中国青年的心声,成为他们的良师益友,精神导师。郭沫若评价说:在大革命前后的青年学生们,凡是稍有些进步思想的,不知道恽代英,没有受过他影响的人,可以说没有。

在阴沉混乱的岁月里,青年中流传着"学术救国""教育救国""科学救国"等思想。恽代英在《中国青年》上发表文章,告诫青年,在中国不打倒帝国主义的各种势力,不打倒军阀统治,不打倒贪官污吏集团,不彻底清除腐败之毒瘤,所有的作为到头来都不过是为他人做嫁衣的,终是徒劳的殉葬品,最后的代价是惨重的……

四川有一个叫杨闇公的青年,留学回国,他听到过川南师范学生对恽代英的赞誉,读过《中国青年》那些利如刀枪又如春风扑面的文章,特意跑到上海来向恽代英当面请教,受益匪浅。他坚定了共产主义信念,后来加入了中国共产党。

杨闇公在日记中写道:"恽代英不像那些夸夸其谈的所谓学者和政客们,炫耀自己,一切的出发点离不开自我,为部分人的私利绕来绕去,只追求获得,不愿意付出。而时下只有恽代英这样真正的共产党人能够做得到心忧天下，不惧付出。泥沙俱下，那些人等应该退出舞台了。"

　　1927年4月，因支持重庆市群众抗议英、美帝国主义的罪行，杨闇公不幸被捕。面对敌人的利诱和严刑，他坚贞不屈，大义凛然，高呼："打倒帝国主义！""打倒军阀！""中国共产党万岁！"军阀震惧，割其舌，断其手，剜其目，最后他身中三弹，壮烈牺牲。

　　《中国青年》收到军阀政府豢养的流氓文痞发来的匿名恐吓信，以及黑社会的袭扰，但没有丝毫的犹豫和退缩，依然奋勇前行。针对国家主义派攻击"共产党和共青团包办群众运动"的谬论发表檄文，公开宣告不是共产党和共青团包办群众运动，而是共产党和共青团用实际行动取得了群众的信任。因为他们参加革命的目的是为被压迫的民众幸福，他们没有纯粹属于自己的成功与失败，成功是民众的，失败也是民众的。因此，广大的群众拥护他们，这里丝毫没有什么包办不包办的问题。并载文揭露了国家主义派作为帝国主义和军阀之应声虫的嘴脸，指出：国家主义派就是思想落后的"士子"们。受不了帝国主义者和军阀的压迫与欺凌，但又缺乏革命的勇气和决心，以致彷徨无主，帝国主义和军阀因而催眠之，利用之。结果，这些"士子"们便倒向帝国主义者和军阀怀里，做他们的忠臣，专一与革命势力为难；帝国主义者和军阀说广东赤化了，这些"士子"们也应声说广东赤化了，帝国主义和军阀说五卅运动完全是共产党人闹的乱子，这些"士子"们也应声说"这是正确的"……

　　《中国青年》的声音，在风雨如磐、阴云密布的日月里，不啻一声声惊雷。

　　"政治太黑暗了，教育太腐败了，衰老沉寂的中国像是不可救药了，但是我们常听见青年界的呼喊，常看见青年界的活动。许多人都相信中国的唯一希望，便要靠这些还勃勃有生气的青年……"

　　《中国青年》发刊词的开首语，它震耳欲聋的呐喊一直让无数青年热血沸腾。

　　《中国青年》成为无数进步青年不可或缺的精神家园和战斗的旗

帜，在其势可摧枯拉朽的力量后面，则是恽代英、萧楚女、邓中夏、张太雷、李求实、林育南等革命家辛勤的耕耘与播种。这些名字成为中国革命史上一支支跳跃着的红色火把，随着革命浪潮的大起大伏，引领了无数有志青年投身革命的洪流。

二十二、参与领导五卅运动

1925年5月15日的深夜，担任中共中央青年部长、共青团中央局成员、共青团中央宣传部主任、上海学联总书记、《中国青年》杂志主编、上海大学兼职教员，同时担任国民党上海执行部宣传部秘书、宣传委员会主任、平民教育委员会委员等多项重要职务的恽代英伫立在窗前，眺望帝国主义势力对华经济侵略的中心，也是中国产业工人最集中的上海，他心潮起伏，难以入眠。

对面大车店昏暗的灯光下，晃动着几个不知从何地来此谋生的农民，因为没有找到活干，便露宿在街头。他们衣衫褴褛，满脸的污垢，已经沦落到食不果腹的境地，前天的夜里已经莫名其妙地死去了两位，被清街队抬上了运尸车。

这座城市黑漆漆的，有如死去一般沉寂，却又是那样的恐怖和血腥。他的脑海中反复浮现出上午那位年轻人不幸喋血的场面，就发生在上海日资纱厂。

事件的起因源于物价的飙升和棉纱市场的大起大落，专横跋扈的资本家一旦经营失败，便会转嫁危机，向处于弱势群体的工人开刀。

上海日商内外棉七厂的资本家张贴出告示，借口存纱不敷，不顾工人死活，再次强行上演了关闭工厂、砸工人的饭碗、逼迫工人下岗的一幕惨剧。

"工人要吃饭，要活命！"

"工人要吃饭，工人要工作！"

共产党员、工人顾正红带领无助的工友，冲进厂内与资本家论理，要求复工和发放拖欠的工资。

日本资本家非但不允，而且向工人开枪射击，打伤工人10余人。左腿中弹的顾正红忍着伤痛高呼："工友们，大家团结起来，斗争到底！"

敌人再次开枪，击中顾正红小腹。顾正红从地上挣扎起来，刽子手又向他连开两枪，还用刀猛砍他的头部。

第二天，顾正红因伤势过重而牺牲。这位年仅20岁的青年工人，在资本家的屠刀下就像一株小草，被随意地剥夺了生命。

顾正红惨案发生的第二天，恽代英没有顾得上吃早饭，便匆匆赶到上海学联举行会议，并召集各校学生代表做下一步大规模行动的发动工作。恽代英慷慨激昂地讲道："你若仔细观察各阶级对学生和工人运动的态度，便会明白一切。我们应当说资产阶级的捐款是对国家的义务，而不是对工人的恩惠，他们纵然出了钱，没有理由禁止工人向他们提出改良自身生活的要求。对于阶级斗争我们只应问工人的要求是否正当，工人绝没有因为爱国，因为希望资产阶级靠不住的救济费，而舍弃要求改良生活的正当权利之理，有人心的人亦决不肯帮资产阶级拿爱国的大帽子使工人饿死不敢开腔，我想这是公理人道所关，任何人都有理由支持学生行动起来，站在工人阶级一边。"

恽代英的讲演引起了强烈的共鸣，上海大学、文治大学、复旦大学等学校的学生组成30多个小分队，在南京路、大世界、火车站等繁华地段，进行宣传和声援工人运动的活动。

在革命斗争的紧要关头，中共中央和上海地委召开联合会议，恽代英在会议上两次发言，介绍上海学运的组织和发展状况。5月28日上午，恽代英召开国民党上海执行部宣传委员会会议，讨论和落实中共中央和上海地委联合会议关于组织五卅大示威的决定，介绍宣传员和工人代表到各校去，发动学生参加5月30日的反帝大宣传活动。

5月29日晚，恽代英在学总办公室主持召开了上海学生联合会的各校代表会议。这是一次战前动员会，由于人员众多，100多所大专学校的200多名学生代表聚集在露天地里，听恽代英讲了反帝宣传的意义，并重点对30日的示威和演讲活动做出了周密具体的部署：组织不怕牺牲的演讲队员，分组去租界演说；为对付巡捕的干涉、拘捕，组织了先锋队和后备队，做到前赴后继，若先锋队被捕则后备队及时跟上，使巡捕防不胜防；为防不测，对女同学采取特别防护措施。

5月30日，上海各大、中学校学生2000多人分散到公共租界繁华的马路，进行宣传、讲演和示威游行，又有100多人先后被捕。这更加激怒了广大群众，数千人奔赴捕房前，要求释放被捕者。租界英国巡捕突然开枪，打死13人，伤数十人。南京路上顿时一片腥风血雨。这就是举国震惊的五卅惨案。

晚上8点多钟，恽代英出席中共中央召开的紧急会议，汇报了上海学生和民众已经形成一触即发、规模浩大的群众怒潮。会议决定举行全上海民众罢工、罢市、罢课，抗议帝国主义者屠杀中国人民，并拟定了解决惨案的要求，商定了如何具体实现这些要求，确定了领导这一运动的中心机构。

恽代英以国民党上海执行部的名义通电全国各省，要求支援上海五卅运动。在上海实现"三罢"后，恽代英指示全国学生总会和上海学生联合会，通知各校派学生分赴全国各地宣传五卅惨案的真相；每到一处结合当地的情况，重点对学生和民众展开宣传。沿着沪杭、沪杭甬、津浦、京汉铁路和长江沿岸，直到西北、闽南、南洋，反帝大潮涌向四面八方。

6月15日，恽代英在报刊发表《告激愤的国民》，面对租界当局的武力镇压，恽代英主张"武装人民"，决心用人民武装做"三罢"的后盾，誓与帝国主义斗争到底。恽代英用事实和道理，把人民群众的革命热潮引向正确的轨道。

在中国共产党的领导和推动下，五卅运动的狂飙迅速席卷全国，全国各地到处响起"打倒帝国主义""废除不平等条约""撤退外国驻华的海陆空军""为死难同胞报仇"的怒吼声，形成了全国规模的反帝怒潮。

中国人民的反帝斗争得到了国际革命组织、海外华侨和各国人民的广泛同情和支援。在莫斯科举行了50万人的示威游行，声援中国人民的五卅运动，并为中国工人捐款。在世界各地，有近100个国家和地区的华侨举行集会和发起募捐，声援五卅运动。6月7日，日本30多个工人团体举行盛大演讲会，决议声援中国工人团体，同时向日本政府和资本家提出抗议。英国工人阶级积极行动，阻止船、舰、车辆运输军火到中国。五卅运动成为具有广泛国际影响的反对帝国主义的斗争，对中华民族的觉醒和国民革命运动的发展起了巨大的推动作用，大大提高了中国人民的觉悟，揭开了大革命高潮的序幕。中国共产党在领导五卅运动的斗争中受到锻炼，培养造就了一大批干部；党组织也得到极大发展，在斗争实践中总结了宝贵的经验，为以后党领导大规模的群众斗争奠定了基础。

五卅运动期间的恽代英作为青年学生运动的领袖，无产阶级革命家、理论家，他用自己的信仰、忠诚和生命为中华民族的解放而斗争，为领导五卅运动取得胜利做出了积极贡献。

二十三、出任黄埔军校政治总教官

1926年3月18日，蒋介石指使欧阳格以黄埔军校驻广东省办事处的名义，命令海军局代理局长、共产党员李之龙调派中山舰到黄埔候用。第二天，中山舰开到黄埔。蒋介石却诬指中山舰擅自开入黄埔，是共产党阴谋暴动。20日，蒋介石以此为借口，命令逮捕了李之龙。此后，扣押中山舰，包围省港罢工委员会，收缴工人武装，拘留第一军第二师中的左派党代表和政工人员40多人，宣布广州全市戒严，还包围苏联顾问团住处。对此事件，毛泽东、周恩来等人主张依靠工农群众，坚决进行反击，打击蒋介石的反动气焰。

但是，由于陈独秀采取退让政策，以周恩来为首的全体共产党员退出第一军，蒋介石趁机夺取了第一军的军权，三名反对蒋介石的苏联顾问被解聘回国。

不忘初心　缅怀先烈

中山舰事件之后的5月，蒋介石又提出排斥共产党的《整理党务决议案》，意图在于把共产党人排挤出国民党中央领导机关，打击国民党左派，夺取国民党最高领导权，为发动反革命政变准备条件。蒋介石已经蜕变为大地主大资产阶级新右派的代表。

出于大局的考虑，共产党依然决定支持国民革命政府北伐。中国共产党为了加强对黄埔军校的领导，5月调恽代英到黄埔军校担任政治总教官。针对蒋介石加紧阴谋篡夺革命统一战线的领导权，恽代英领导军校内的党团员，团结国民党左派，与蒋介石进行斗争。

恽代英沿珠江顺流而下，抵达位于广州黄埔区长洲岛上的"中华民国陆军军官学校"。

这里碧水环绕，林木葱茏，环境清幽。原为清朝陆军小学和海军学校校舍，清一色的砖瓦建筑，应用设施一应俱全。黄埔军校是孙中山先生在中国共产党和苏联的积极支持和帮助下创办的，是第一次国共合作的见证。黄埔军校建立以来，以孙中山的"创造革命军队，来挽救中国的危亡"为宗旨；以"亲爱精诚"为校训；以培养军事与政治人才，组成以黄埔学生为骨干的革命军，实行武装推翻帝国主义和封建军阀在中国的统治，完成国民大革命为目的。一方面积极进行孙中山民主革命的新三民主义教育，一方面介绍马克思列宁主义的思想。军校采用军事与政治并重，理论与实践结合的教学方针，为中国革命培养军事政治人才。

黄埔军校远离繁华市区，且岛内筑有多处炮台，与侧面相向的鱼珠炮台、沙路炮台形成鼎足格局，遇有战事易守难攻，便于学习与练武；把军校设在长洲岛上，完全是出于此地足以把守和控制江面，交通不便可以避开军阀的控制和干扰。

军校大门坐南向北，面江而立，大门内正面有一幢走马楼，称为校本部。校本部是一座岭南祠堂式四合院建筑，两层砖木结构，三路四进，即三条主要通道，四排房舍。在南北走向的中轴线东西两侧，房舍排列的形式一致，相互对称。四排房子之间以走廊连通，四周有围墙，门楼两旁有一副对联：升官发财请往他处，贪生畏死勿入斯门。横批：革命者来。走进二门有一副对联：杀尽敌人方罢手，完成革命始回头。

在号角声中，一队队学员，青春勃发，斗志昂扬。恽代英睹此情景，心潮起伏：这些健儿，他们都是血性精灵，世间骄子；他们奋勇操练，修战法习韬略，胸怀国家的前途和未来，其势之宏将如滚滚之长江滔滔之黄河，怎能不引人万千遐想？

恽代英身临其境，望着映入眼帘的一张张充满豪气的面孔，和对联上气吞山河带着金戈铁马之声的豪言壮语，他觉得自己血液在燃烧，使命在召唤。

恽代英担任学校的政治主任教员，和他同时担任政治教官的还有萧楚女、熊锐等一批共产党员。他们对于这里的一草一木，充满感情；而面对每一张不同风格的面孔，恽代英时刻提醒自己，这些骄子一旦迈出校门就像离巢的鸟儿，将会飞向哪里，去向何方，很难确定。那么，他们又将会怎样驾驭命运，抉择自己的人生？沧海之舟，惊浪拍岸，又得谁主沉浮？

恽代英有意为之，他把自己的思绪渗透到每一次演讲中，暗示：无问早晚，择路，必将成为每位学员无法回避的问题。

7月一个最炎热的日子，学员当中发生了一场"信仰风波"，对立的各派互不相让。恽代英抓住机会，启迪学员们千万莫负使命，应当认清中国社会的社会性质，半殖民地半封建社会的现状导致国家四分五裂，战乱频仍，人民的生活陷入极端贫苦之中。他指出：改变黑暗，当务之急是实行资产阶级民主革命，对内打倒欺压人民的反动军阀，对外驱除侵略中国的帝国主义。不打倒帝国主义，便无以抵御经济侵略及实现民族自强。

他用手中的毛笔，书写出一篇又一篇战斗檄文，号召人民团结起来，拥护革命党人，依靠民众的力量统治一切革命的地盘，建设平民的中国。

他在文章中提醒志士仁人：革命党人不是神，他们也难免出现偏向和犯错误，因此必须随时警惕，敢于自我反省斗争自己。同时还要防止那些口蜜腹剑、代表少数人利益的政客骗子，防止他们攫取权力，掠夺革命成果。

恽代英告及大家，尽管外国帝国主义看起来强盛，洋奴为虎作伥；中国的军阀凶横霸道，贪腐恶风日甚；人民力量分散又软弱，国家衰乱，危机四伏；但是，军阀和贪官污吏、土豪劣绅终究是要被革命的，帝国主义和一切邪恶势力一定会被人民彻底打倒的。只有有了民众的力量，才不会有疯狂的"袁氏"复辟，亦不会有镇压革命出卖革命、大量的革命志士死在其屠刀之下，却最终登上权力宝座的"黎氏"政府；只有动员了民众，那些被驱除于历史舞台的袁世凯、黎元洪势力，才没有翻案复辟的可能；只有唤起民众，那么代表封建腐朽邪恶，代表压迫剥削，代表少数人利益的军阀、右派集团才永远不会得逞。

1926年7月9日，国民革命军在广州誓师，出征北伐。8月20日在纪念廖仲恺牺牲一周年大会上，恽代英慷慨悲歌，缅怀这位同右派势力进行过坚决斗争的民主革命活动家、伟大的爱国主义者、国民党左派的光辉旗帜、中国共产党的挚友。廖仲恺遭遇暗杀的事件，确凿地证明了国民党右派分子们的龌龊和下流。恽代英在悼文中称颂廖仲恺是国民党中"最不妥协"的领袖，"是他帮助孙中山，主张国民党改组，主张吸收一切革命分子加入国民党；在改组以后，他尽力于工农运动，反对一切压迫贫农的地主，反对一切压迫苦工的资本家，反对一切冒名革命蹂躏人民的军阀。他因为这受了许多疑怨诽谤，却只是埋头做下去，一直做到他被杀于反革命派之手。"他说："廖仲恺先生的精神是不死的，廖仲恺先生为中国民主革命立下的功勋永存不朽。"

恽代英学而不厌和诲人不倦的精神令无数人钦佩。他一再告诫：任何人想成就一番事业，一要靠信仰，二要靠能力。学问是"民众物质生活上的工具与精神上的食粮"，学问便是告诉我们最正确最有效力的做事方法。因此，"我们要靠学问改造社会"。他主张求学必须考虑社会需要。他说："求学而不顾社会的需要，若非求学不成，便是成而无益于社会。"他认为：信念是一切成就的源泉，是排除万难的动力，信念能使人经受各种考验而成就大事业。他写道："信仰之引人向上……

其功用能使怯者勇、弱者强，散漫者精进，躁乱者恬静"；有理想的人"如黑地有灯，则自增其勇往之气；无希望如无灯，则举足略有崎岖即生畏缩之心，如人遇小挫折即生消极之想也。希望愈大如灯光愈大，则风不能息"。

恽代英同周恩来并列成为黄埔校园中最受追慕的政治家、演讲人。他以超凡的魅力，让所有的人折服不已。他出现在哪里，都会成为众人围绕的中心，大家也在与其交流中感悟到真理的力量，坚定了革命理想和信念。

二十四、不仅仅是爱情

恽代英的结发妻子沈葆秀去世后，恽代英诚实地履行着自己对妻子许下的诺言，无论多忙，无论身在何方，只要有机会他都会抽空回到沈家，在这里他不仅是亡妻的夫婿，沈门的女婿，他更是一位精心呵护弟弟妹妹们的大哥哥。他就是沈葆秀的化身，他倾心挚诚地尽着沈葆秀应该尽到的一切责任。

月朗风息的夜晚，惊雷轰鸣的清秋盛夏，时常见到恽代英的身影，他细心地帮沈葆秀的弟弟妹妹们补习功课，批改作业。

沈葆英是沈葆秀的四妹，沈葆秀去世时，沈葆英才12岁。恽代英常给沈葆英讲地理和历史知识，辅导她提升英语的书写水平和会话能力。有一次恽代英在成都返回的时候，天色已晚，且大雨连绵，路途洪水肆虐，本当耽搁几日，待路途平安再动身。但是，想到沈葆英就要英语考试了，前些日子因为患病缺席过一些课程，眼下一定需要辅导，于是他硬是冒着风雨，辗转乘坐舟船车马，提前赶回了武昌。

正在急得落眼泪的小姑娘沈葆英，望着雨雾迷蒙的窗外，认为恽代英哥哥已经不可能及时出现在身边了，不由黯然神伤。

这时忽然有人敲门，传来恽代英呼唤开门的声音。

沈葆英蹦着跳着打开门，只见一个湿漉漉的身影像落汤鸡，微笑着站立在自己的面前。她顿时破涕为笑，扑进哥哥的怀里，也顾不上问一问恽代英是怎么回来的，高兴、幸福，使得她忘掉了一切……

岳父沈云驹过世后，恽代英充满感情，专门写了《孤儿》一歌，鼓舞弟妹们树立起生活的信心和勇气：

……我今想到你，助你和爱你。
劝你莫着急，请站起。
回到我家中，和我做兄弟。
爹娘看见你，保欢喜。

1922年，17岁的沈葆英考进湖北女子师范学校。由于恽代英的支持，她的学习成绩很优秀，尤其英语水平，堪称出类拔萃，甚至连学校的老师都吃惊：哪里来的这样一位功底深厚且聪慧过人的女子。

一段时间由于气候湿冷，加之劳倦过度，沈葆英患上了脾胃虚寒症，经常胃痛。恽代英发现她脸色不好，多次问她原因，但她害怕影响恽代英的工作，所以一直没有说出实情。恽代英还是猜到了，执意带他去看郎中。一位行医多年的老郎中询问了病情，开出的药方是丹参、茯苓、三七、老母鸡，放入砂锅，武火煮沸，文火煨炖。由于当地药品短缺，恽代英搭乘一骑毛驴往返70余里，跑到外地购得此些药材，天天按时把煨好的汤药送到沈葆英的床前。

沈葆英实在不忍大哥哥在忙着很多事情的同时，还要如此辛苦，决意自己来做。

恽代英劝慰她，学习是要紧的事情，身体是学习的本钱，两者都很重要，要安心学习，静心调养。这样体贴入微的关怀，令女同学们非常羡慕沈葆英有这样一位亲哥哥。

在恽代英的心目中，沈家弟弟妹妹与自家弟弟妹妹一样的亲、一样的爱。

恽代英对于沈家弟弟妹妹是慈心柔肠，而在与反共政治派别的战场上却是骁勇战士。他组织了大批揭露、批判国家主义的文章在《中国青年》上发表，并且写了不少脍炙人口的论文，痛斥国家主义派的无耻谰言，深刻揭露他们反苏反共的反革命本质。

国家主义派高唱"爱国"，可是到底贩卖的什么货色呢？恽代英揭露："他们名为讲国家主义，其实对于帝国主义的罪恶，军阀政府与帝国主义勾结的实况似乎没有多少精力顾到，他们最大的努力，处处看出只是一个反对共产主义。"国家主义分子恶毒攻击列宁领导的苏联是"强权者"，并诋毁中国共产党的地位。恽代英痛斥道："今日有眼睛的人都看见苏联是最以平等待中国的国家，共产党人最艰苦奋勇在帝国主义军阀压迫之下过他们的革命生活。"他质问国家主义派："中国共产党人被一般帝国主义、军阀的走狗们诬赖造谣，是已经很多的，不过稍知事理的人，只要看一看他们的牺牲、勇敢的精神，他们的刻苦努力，为中国农工群众的利益而奋斗，亦应知道自己愧勉。"

国家主义派反对阶级斗争，宣扬超阶级国家观，欺骗无产阶级和人民群众。恽代英在他的文章中，列举大量的事实，说明中国劳资阶级的严重对立，阐明阶级斗争的客观存在，进而论证了在中国实行无产阶级专政的必要性。他明确地说："我们心目中的国家，是为抵御国际资本主义压迫而存在的；我们心目中的政府，是为保障无产阶级平民的利益而存在的；我们要全民族自爱自保，是为要使全民族从帝国主义政治经济压迫之下解放出来；要求全民族解放，我们自然更要注意力求那些最受压迫而占人口最大多数的农工阶级的解放。""我们要求全民族的解放，自然没有反转让人民中大多数工人农民受资产阶级的压迫而不求解放的道理。"文章将国家主义派和国民党右派联系起来分析，使人们看清楚了这两个反共政治派别的内在联系。在中国共产党人有力的打击下，国家主义派在广大青年中终于陷于空前的孤立而归于失败。

恽代英时时关心着沈葆英的进步，在繁忙的编务中按期把自己主编的《中国青年》寄给她，引导她领略思想前沿的信息，接触马克思主义学说，洞察社会感悟人生。

《中国青年》成了沈葆英不可缺少的精神食粮,几乎她每篇文章都看,且特别注意看恽代英写的文章。沈葆英看了,把它秘密地压在其他同学的枕头下,方便大家传阅,就这样,《中国青年》在沈葆英的学校里广泛传开了。进步的同学都纷纷参加党的外围组织"读书会",与沈葆英一起阅读《马克思主义浅说》《共产主义ABC》等书籍,有了问题,就写信问《中国青年》编辑部,恽代英或萧楚女他们总是给予满意的答复。

在恽代英和同志们的引导下,受到了革命启蒙教育的青年人,渐渐产生了共产主义理想的萌芽。1924年,沈葆英同一批进步青年积极加入了社会主义青年团,成为先进的一分子。

如火如荼的斗争形势和斗争的环境千变万化。大革命时期,恽代英在皖、川、沪、粤等地频繁活动,他和四妹沈葆英之间始终保持着通信联系。恽代英对爱情的忠贞不渝,也深深打动了沈葆英的芳心。恽代英收到沈葆英从武汉寄来的红色信笺,信中没有使用一个情字,恽代英却读出了其中深深的爱意……

二十五、革命伴侣

1927年1月3日,革命军青年军官恽代英离开黄埔军校,化装后绕道上海,抵达武昌。

当他再次望见濒临万里长江、位于蛇山之巅的黄鹤楼遗址时,他的心情异常激动。如今的武汉已经成为革命势力的中心,他一踏上故乡的这块热土,就感受到了激情澎湃的时代洪流。

回到武昌后的第二天,恽代英应邀到省立一小讲演,会堂里聚集了赶来聆听演讲的武汉三镇各校学生代表和老师校长,沈葆英就站在教师的行列中。

演讲台下面静悄悄的,鸦雀无声。人们凝神静气,倾听着台上那个催人向上、令人神怡的声音。没有一个人走动,生怕遗漏了一句话、一个字。

　　共产党人为工人阶级的最近的目的和利益而斗争，但是他们在当前的运动中同时代表运动的未来……

　　共产党一分钟也不忽略教育工人尽可能明确地意识到资产阶级和无产阶级的敌对的对立……

　　共产党人到处都努力争取全世界的民主政党之间的团结和协调……

　　无产者在这个革命中失去的只是锁链，他们获得的将是整个世界……

　　全世界无产者，联合起来！

沈葆英眼神始终含情脉脉地注视着台上的恽代英，心中伴随着铿锵有力的声音而激荡，同时又按捺不住久别重逢的喜悦。

讲演完毕，恽代英约了沈葆英一同去了珞珈山，前去凭吊沈葆秀。

穿过一段卵石累累的山路，当看到荒草覆盖的葆秀墓时，恽代英不禁眼睛湿润了，以沉缓的音调吟诵起苏轼悼念亡妻的《江城子》：

　　十年生死两茫茫。
　　不思量，
　　自难忘。
　　千里孤坟，
　　无处话凄凉。
　　纵使相逢应不识，
　　尘满面，
　　鬓如霜。

葆英小声说："姐姐，我和哥哥来看你了。"

恽代英再也无法控制自己，泪水就像断线的珠儿，不停地滚落下来。他深情地诉说了十年的心路历程。他独善其身,为至爱的人守贞守义。有人说他是苦行主义,但他依然我行我素,不为所动,因为他心中的沈葆秀一直是活着的。恽代英动情地说:"葆秀啊,你离开人间已有十年。我为你守义,是心甘情愿……今天,我已是一个无产阶级革命战士了,四妹也已长大成人,也是一个无产阶级战士了。为了实现我们共同的革命理想,我希望她和我并肩战斗。你九泉有灵,会同意我的心愿吧!"

沈葆英此时也是无语凝咽,与恽代英一起将墓前的荒草清理干净,又培上一抔黄土:"姐姐,我会像你一样,支持代英哥哥……"

1927年1月16日,隆冬里一个难得的好天气,阳光洒向大地,显得那么温暖明媚。他们没有置办嫁妆,也没有惊动更多的亲朋,32岁的恽代英和22岁的沈葆英在武昌德胜桥恽宅举行了简单朴素的婚礼,恽代英终于结束了十年独身生活。

这是一对革命的伴侣,勇敢地迎接着生活和斗争的双重考验。为了扩展革命力量,恽代英不分昼夜地深入到革命组织、革命机关团体、工人农民当中,回到家中常是月落星稀。有一次与邓演达谈话回来,路上遇到了一伙与军阀勾结的强匪,索要300银元。恽代英对他们讲革命形势加以感化,才得以安全脱身。

回到家里,沈葆英听完恽代英讲述的路遇,非常担心恽代英的安危。她深情地再三叮嘱道:"以后尽量不要太晚回家,现在不但是社会混乱,匪患横行,还有军阀和国民党右派,他们更毒辣,而且手段下作,要时刻有所防备才是。"

恽代英懂得妻子的心思,安慰沈葆英说:"我一定会记住的,出门时留神不要被狗咬了。但是要革命,就难免有风险,革命者绝不是贪生怕死的人。你看有多少衣冠楚楚的人,在危险面前,面对生死抉择的时候,屈膝投降,写悔过书侮辱自己,堕落成败类还美其名曰人的本能,实在为革命者所不齿。"

沈葆英流下了眼泪,告诉丈夫:"我们干革命,与敌人你死我活地斗争,怕死就不是革命者,我懂。我只愿我的丈夫好好注意安全,保护好自己。"

　　妻子的担忧不是没有根据的。各地反动势力对革命者疯狂屠杀，特别是对领导工人罢工的共产党员更是无情地杀害。二七大罢工中反动军阀带着两营士兵，包围了江岸分工会会所，开枪射击。在这场野蛮的屠杀中，江岸30多名工人牺牲，200多人受伤，酿成了震惊中外的惨案。林祥谦带领工人同前来镇压的反动军队进行了英勇搏斗，终因寡不敌众，与十几名工会领导人和工人代表被敌人逮捕，头被割下吊在电线杆上示众。著名律师施洋因替工人辩护，在敌人的法庭上怒斥军阀镇压工人运动的滔天罪行，被押赴刑场。敌人连开数枪，中国共产党的优秀党员、劳动者的律师施洋英勇牺牲，年仅34岁。

　　革命者有的英勇牺牲了，而有的人却背叛革命，在被敌人逮捕后，写下"忏悔书"，出卖革命利益，换取自己的苟活。

　　恽代英神情愤慨，对沈葆英说："叛徒是我们的敌人，叛徒甚至比敌人更可怕，更卑鄙无耻。所以干革命也要好好注意掩蔽，万一被反动派捉去，不要动摇，不要怕牺牲，永远坚持到底。"

　　这一天夜晚，恽代英、沈葆英夫妇敞开心扉，谈了很久。窗外的星星眨着眼睛，像是给予夫妻二人深情的祝福……

二十六、筹建中央军校

　　1927年初，根据党中央的指示，恽代英到达武汉，参加筹建中央军校政治科的工作。

　　武汉位居中国腹地，世界第三大河长江及其最长支流汉江横贯市区，将其一分为三，形成武昌、汉口、汉阳三镇跨江鼎立的格局。武汉自古又称"江城"，唐朝诗人李白曾在此写下"黄鹤楼中吹玉笛，江城五月落梅花"的著名诗句，因拥有重要的地理位置优势，亦被孙中山誉为"内联九省、外通海洋"的大商埠。然而最为耻辱的是，这座自春秋战国时期以来，一直是中国南方重镇的城市，却在1861年成为条约口岸城市，对西方人开放，沿长江先后开辟了英国、俄国、德国、法国、日本等5国租界。

北伐军光复武汉，国民革命的浪潮从珠江流域席卷到长江流域。为迎接革命形势的迅猛发展，满足政治、军事人才的需要，黄埔军校在武汉筹设分校，校址定在位于武昌文昌门、平湖门之间的两湖书院旧址，确定将黄埔军校第五期政治科学员移往武昌就读，同时面向全国招收新生。

党十分重视这所学校的建校工作，派包惠僧担任筹备处主任，具体负责筹备建校事宜，并派董必武等共产党人参加招考委员会，毛泽东、周恩来、李立三、张太雷等担任政治教员，徐向前为军事教官；恽代英为政治主任教官、教育委员会主任和中共党团的负责人，成为军校的实际领导人。

恽代英走进两湖书院改办的校园内，先是绕着各个分布区域考察了一遍，发现原来的主要建筑格局并未大动，只是做了一些分散的细部修缮，所以曾经的气象依稀可见，仍然可以感觉到浓浓的修学氛围。

恽代英止住脚步，心潮再次涌动起来。1890年张之洞于武昌营坊口都司湖畔创建两湖书院，1903年改为文高等学堂，亦称两湖大学堂，不久又称为两湖总师范学堂，曾经造就了众多"才识出群、志行不苟"的人才。而今，已经旧景不在，即将迎来新人。令他最为关切的是心怀理想而来的热血青年们，投身名校，矢志报国。他们或许可以改变中国的命运，但他们自己的命运也必然要被同样剧烈地改变。黄埔军校、武汉中央军校，会不会在并不遥远的未来成为中国现代史的一个缩影，抑或说是他们当中的每个人因为各自对不同信仰的恪守，迎接不同命运之考验的缩影？

恽代英以满腔热血，投入紧张的筹建工作。1月9日，他主持召开了政治教官第三次会议，通过了十项校改措施。19日，根据有宋庆龄、吴玉章、邓演达、董必武等人参加的国民党中央委员、国民政府委员临时联席会议决定，武汉中央军校任命邓演达为代理校长，顾孟余为代理党代表，日常工作由恽代英主持。24日，恽代英出席校务整理会的第一次会议，会议审议了武汉分校的筹备工作。

　　学校在武昌成立了招考委员会，负责招生工作。按照既定的招生人数，派人到湖北、湖南、江西、四川、上海、奉天等处设立报名点并进行初试。当时，由于武汉已成为全国男女青年向往的革命中心，全国各地有志于革命的青年踊跃报名，许多省的共产党组织和共青团组织也遴选了大批党、团员和进步青年来武汉参加考试。经过严格的初试复试，最后录取了1181名。同时，广州黄埔军校政治科学员500余人到达两湖书院，军校第五期炮兵科800多名学员、工兵科400多名学员陆续从黄埔和江西来到武汉。这样，武汉分校成为有政治、炮兵、工兵等科的综合性军事院校。

　　1927年2月12日，武汉分校举行了隆重的开学典礼；2月14日，正式上课。3月27日，武汉分校正式命名为中央军事政治学校。按照军校教育委员会主任恽代英提出的"军事科加紧政治训练，政治科加紧军事训练，军事与政治并重的原则"，规定每日上课7小时，炮兵、工兵两科每日一次政治课，政治科每周14次政治课，两次学科课程，两次术科课程。担任军事教官的有杨树松、徐向前等人。先后担任政治教官的有李达、沈雁冰、李汉俊、张秋人、陈启修、章伯钧等人。为了反映学员的学习、生活和斗争，从开学之日起就创办了《革命生活》日刊。军校政治部管辖的"血花剧社"一度接管了汉口最大的游乐场所新市场，改其名为"血花世界"（今民众乐园），在那里演出各种反帝反封建的歌舞新剧。每逢星期天，学员们还组织街头宣传队到武汉三镇进行革命宣传，很受武汉人民的欢迎。

　　武汉中央军校成立后，闻名遐迩的一件事，是开办了女生队，这是中国教育史上的创举，造就了中国第一代女军官。195名女生的入校，彻底改变了黄埔军校以往只招收男生、不招女生的规矩，而这也是黄埔军校史上唯一的一期女性学员，被列为黄埔军校第六期学员。

　　黄埔办女生队阻力大，国民党右派反对，封建势力阻挠，中国共产党人下决心在军校培训妇女骨干。恽代英曾对女生队负责人说："妇女是人类的一部分，妇女同样是革命的力量，没有妇女的参加，中国人民的根本解放是不可能的，全人类的解放是不可能的。你们毕业后参加领导中国妇女翻身解放的斗争，使命是神圣的。"女生队学员吕儒贞说："妇女要在革命的政府领导下，有了参政权，有了职业，经济独立，才能在政治、文化、经济上达到真正的男女平等。国民革命胜利，国民政府迁都武汉，我无限欢欣鼓舞，盼望能参加工作，进革命学校，充实和锻炼自己。"

恽代英任政治教官，分管女生队的工作，施存统任政治部主任，叶镛、陆更夫在政治部担任重要职务。政治教官谭平山、沈雁冰、李达、李汉俊等，也多系共产党员，中下级军事和政治干部大半是共产党员，徐向前任政治大队队长，彭漪兰、钟复光任女生队指导员，陈毅表面上当文书，实际上是共产党党委书记。

女生正式入学，加上南湖学兵团30名女生被并入黄埔军校女生队，女生队已经扩大为225人。她们同男生一样，着深灰色军装，紧束着腰带，戴着军帽，打着绑腿。有谁能看出她们有的已当了母亲，有的还缠过足。她们曾经和苦难深重的中国所有妇女们一样，受着各种苦不堪言的压迫，在封建礼教的束缚下，她们是男人的附属品，没有一点儿权利。俄国十月革命的炮火，惊醒了中华民族，也惊醒了广大妇女，在革命思想的影响下，她们正在认识和寻求解放的道路。

这些女生中涌现了大量的风云人物。郑梅仙、陈觉吾、廖德璋、盛业煌、邓苏、李蕴瑞、邱继文、王也华等，在随后的革命斗争中，先后英勇牺牲，成为千古不朽的巾帼英烈；胡筠等成为难得的红军女将，赵一曼等成为著名的抗日英雄。

军校实行三操两讲制。恽代英十分重视对学员进行政治思想教育，请陈独秀、周恩来、毛泽东、董必武、陈潭秋等来校作报告。政治课有《社会主义史》《社会发展史》《妇女解放运动》《共产党宣言》《政治经济学》《世界妇女运动》《国际职工运动》《中国农民问题》等，另外也讲《三民主义总纲》《建国方略》等。恽代英亲自给学员上课，讲的内容有：工农运动、学生运动、无产阶级的历史地位、共产党的作用、反帝反封建、北伐战争的形势，以及马列主义基本知识；有时还专门针对学生提出的问题，进行解答。他旁征博引而又深入浅出，使人感到通俗易懂，生动活泼，幽默风趣，其真知灼见让学员们越听越爱听，深受教益。

为了反映学员的学习、生活和斗争，军校从2月12日起定期出版《革命生活》日刊。恽代英派共产党员袁澈、陆更夫等负责编辑。日刊为四开小报，文章短小精悍，内容富有战斗性，形式也很活泼，有论文，也有诗歌，时有恽代英的文章，深受学员的欢迎。

二十七、中流击水

风云变幻，潮起浪涌，越来越多的事实印证了恽代英的担忧。一个时期以来，共产国际和陈独秀曾经的"容忍政策"，导致了"中山舰事件""整理党务案"的发生。如火如荼的北伐战争，让反共反人民的蒋介石窃取了国民党党政军大权。此时的蒋介石羽翼未丰，还不敢公开背叛革命，并在革命力量的强大压力下，被迫同意国民党中央党部及国民党政府迁到武汉。但是，他一定很快就会露出狰狞的面目。

果不其然，蒋的"忍耐"很快就结束了。事实给出的答案是，对蒋介石心存任何不切实际的幻想，都将铸成流血的后果。

湖北地区工农运动在共产党的推动下，春潮高涨，党权、政权、军权也都控制在共产党和国民党左派的手里，蒋介石早就感觉到了威胁的存在。尤其是国民政府北迁武汉，对他带来了更大的不利。此时内有右派鼓噪，外有帝国主义的怂恿和支持，身居宝座的国民党新右派反动势力的总代表蒋介石，自然就磨刀霍霍了。

蒋介石私下对幕僚暗示玄机：时不我待，我更待何时！

他迅速采取了行动：一是放出风要对共产党施行"制裁的权力"，运用舆论为工具，反对工农运动，为自己不轨图谋造势；二是他在南昌截留由广东去汉口的国民党和国民政府部分委员，擅自决定"中央党部及国民政府暂住南昌"，对在武汉定都的国民党中央党部及国民党政府进行实质性的牵制;三是自定会期,提出要于1927年3月在南昌召开二届三中全会,造成凌驾党国之上的既成事实,给共产党和国民党左派以颜色。

共产党联合国民党左派与蒋介石展开了针锋相对的斗争。20万人在武汉集会,喊出了"反对军事独裁""提高党权""打倒新军阀"的口号。恽代英与国民党总政治部起草并发表了宣传大纲等文件,提出了限制蒋介石个人独裁的权力、反对蒋介石破坏工农运动、坚持革命的三大政策。

1927年3月10日,在汉口举行了国民党二届三中全会。会议通过了二十多项重要决议和对全体党员训令、对全国民众宣言,旨在恢复和提高党权,防止个人独裁和军事专制。会议免去蒋介石的中国国民党中央常务委员会主席等职务,仍由他担任国民革命军总司令。在毛泽东、宋庆龄等共同努力下,会议通过了拥护孙中山"联俄、联共、扶助农工"三大政策,支持工人运动的决议。

蒋介石惶惶不可终日。在其阻挠会议在汉口召开的阴谋诡计未能得逞和号令国民党右派拒绝参加会议之后,便指使在武汉分校的爪牙以"维护校长威信"的名义挑起事端,制造反革命事件,不择手段地镇压工人运动,逮捕参加工人运动的工人。

在恽代英的领导下,武汉中央军校向全国发出宣言,同时电告蒋介石,要求他速到武昌向民众作出解释,表明态度;同时在校园展开整顿,严肃处理了一批学生闹事者,撤销了同蒋介石来往密切的军校教育长、武昌学兵团团长张治中的职务,跟随蒋介石青云直上的军校政治训练处处长周佛海见势不妙,则慌忙躲避起来,逃到外号黄玫瑰的姘妇住宅,以窥风声。

武汉军校已经完全掌握在共产党人的手中,国民党左派力量和共产党在武汉政权中取得了优势地位,但因为没有撤销蒋介石的国民革命军总司令的职权,他一直掌握军事权力,为以后的革命事业留下了严重隐患。

蒋介石首先解除上海工人的武装,然后以在上海的国民党中央执行委员、监察委员取代武汉派，夺取中央党部，排除共产党。同时，蒋介石向上海大资产阶级的代表人物表示，在劳资问题上，"决不使上海方面有武汉态度"。大资产阶级答应在财政上给他以全力支持，并立即为蒋提供300万元资助。上海青洪帮头目黄金荣、杜月笙、张啸林等组织了秘密的"中华共进会"和公开的"上海工界联合会"，充当蒋介石反共的打手。

从1927年3月底开始，蒋介石连日召集秘密会议，策划"清党"反共。3月28日，吴稚晖在国民党中央监察委员会常委会上诬蔑加入国民党的共产党员"谋叛国民党"，提出对共产党"应行纠察"。4月2日，蒋介石邀集国民党中央监察委一些人，向国民党中央提出《检举共产分子文》，要求对共产党作"非常紧急处置"。4月5日，蒋介石发布总司令部布告，要工人武装纠察队与工会一律在总司令部的管辖之下，"否则以违法叛变论，绝不容许存在"。4月9日，蒋介石发布《战时戒严条例》，严禁集会、罢工、游行，并成立了淞沪戒严司令部。与此同时，蒋介石又利用政治欺骗手段麻痹群众，他派军乐队将一面写有"共同奋斗"的锦旗赠送给上海总工会纠察队，以表示对上海工人的"敬意"。

此时，蒋介石已背地里与大流氓黄金荣、杜月笙、张啸林等互相勾结，利用流氓冒充工人纠察队招摇撞骗，敲诈勒索，诿罪于工人纠察队，并在社会上散布诽谤工人纠察队的种种谣言。为防患于未然，上海总工会在上海各报刊登紧急启事，提醒工人和市民警惕流氓的阴谋，并通知全体工人和纠察队员要严守纪律，严防敌人滋事；上海总工会第二次执委会，作出"如发生解除工人武装的事情，则决定发动全市工人总罢工"的决议；发表敬告上海市民书，揭露反动派造谣中伤、挑拨捣乱的阴谋，希望市民协助制止。

蒋介石和国民党反动派处心积虑要扑灭革命之火，为了打击真正的革命者，竟无耻地勾结大流氓杜月笙密谋除掉工运领导人汪寿华。1927年4月11日晚，上海总工会委员长汪寿华被凶残的敌人打昏后装入麻袋，运至枫林桥活埋。汪寿华在蒋介石发动反革命政变前夕遇害，成为中共在四一二反革命政变中牺牲的第一位烈士。

4月12日凌晨，停泊在上海高昌庙的军舰上空升起了信号，以蒋介石为首的国民党新军阀背信弃义，发动了震惊中外的反革命政变，对中国共产党和革命群众举起了屠刀。

反动军队按照蒋介石的屠杀密令，埋伏在游行队伍必经的地方，当游行队伍走到宝山路三德里附近时，突然枪声大作，反动军队数挺机枪同时开火，罪恶的子弹射向徒手工人群众。霎时间，大街上血流成河，无数共产党员和无辜群众被残酷杀害。

当天上海2700多名武装工人纠察队被解除武装，工人纠察队有120余人遭屠杀，180人受伤。上海总工会会所和各区工人纠察队驻所均被占领。在租界和华界内，外国军警搜捕共产党员和工人1000余人，全部交给蒋介石的军警。上海阴风森森，黑云压城，笼罩在蒋介石制造的白色恐怖之中。

1927年4月12日发生的反革命政变，在武汉引起极大的震荡。一些地主恶霸、土豪劣绅蠢蠢欲动。他们摆贺宴写贺幛，制作锦旗，以备送给他们"敬爱"的蒋公及黄金荣、杜月笙等黑社会巨头，并赞扬他们是"精英和富人"的总代表，对待"穷棒子""泥腿子"毫不心慈手软的屠杀是一次"壮举"。

武汉是蒋介石及其国民党右派势力的眼中钉、肉中刺，他们迫不及待地解散中央独立师，指派数名走狗把反共的魔爪伸入武汉中央军校。他们暗中带枪示威，恐吓学员，放风说"帮穷人搞共产，杀无赦""背叛蒋校长必定前途堪忧"，并且以封官许愿等手段，拉拢一些意志薄弱者，竭尽一切手段，极力孤立和打击革命力量。

面对敌人的嚣张气焰，为了加强军校党的领导，周恩来派陈毅任武汉中央军事政治学校中共委员会书记，协助恽代英开展工作。武汉军校在周恩来、恽代英、陈毅的领导下，与反动势力进行坚决的斗争。他们为适应形势的需要，努力把党的工作重心从政治斗争转移到军事斗争上来，在思想上、组织上和具体工作上，做好进行武装起义的准备。

二十八、八一南昌起义

1927年，是中国革命历经血雨腥风的一年。

以蒋介石为代表的反动势力接连发动背叛革命的政变，革命力量受到严重摧残。一些问题引起恽代英及众多革命者的思考和警觉。

纠正右倾机会主义的错误思想、错误判断、错误逻辑和领导斗争的错误方式，将革命斗争回归正确的道路，已经刻不容缓。

反革命势力利用了陈独秀右倾机会主义路线的软弱性和盲目性，猖狂地向革命势力步步进攻，且屡屡得手。1927年3月11日蒋介石下令解散南昌市党部，17日又命令杨虎指使青洪帮流氓，到处进行反革命活动，包围攻击九江市党部和总工会，派兵占领机关。4月6日蒋介石、汪精卫等举行秘密会议决定"清共"。4月12日开始了上海大屠杀，反动派公开叛变革命。4月25日蒋介石调遣皖北的军队威胁武汉。5月17日夏斗寅在宜昌率兵叛乱，攻打武汉，被叶挺独立团击败。5月21日许克祥在长沙发动反革命政变，包围长沙总工会和农民协会，大肆屠杀工农。7月15日以汪精卫为首的武汉国民党开始大规模地逮捕和屠杀共产党人和革命群众……

多名卓越的共产党领导人，如萧楚女、陈延年、赵世炎等相继罹难。武汉当局"清党分共"后，报纸上频频刊登一些意志薄弱的共产党员之"退党声明"。

为此，恽代英多次上书中央，分析问题的要害所在，以期中央力挽狂澜，拨正革命航船。

恽代英陈述了右倾机会主义路线把国共合作的统一战线变成套在无产阶级脖子上的枷锁，纵容反动派在羽毛未丰时，处处要求共产党和工农群众的支持和帮助；要革命者替他们去拼死命，替他们去打天下，却不许工农要政权、要武装、要土地，不许触动地主资产阶级的老根子，也不懂得应该怎样去取得革命的胜利和巩固革命的胜利。工农群众起来，就害怕"破坏"了国共合作的统一战线，却不懂得只有无产阶级掌握了革命的领导权，只有工农群众真正得到了革命胜利的果实，有了强大的力量，资产阶级才不敢破坏统一战线，即使他们企图破坏，工农群众也能够粉碎他们的阴谋；甚至下令解散工人纠察队和农民自卫军，抹煞了农民土地问题在中国革命中的重要性，破坏了无产阶级和农民同盟军的关系，维护了地主资产阶级的利益，从而使党和工人阶级以及一切劳动人民完全陷于被动的和毫无权利的地位。如此下去，其结果是必然断送中国的革命。

7月19日，中共中央委员恽代英、李立三、邓中夏化装离开武汉，避开反动派的关卡、岗哨、巡逻队和便衣特务，悄悄来到九江，与在九江的谭平山、聂荣臻、叶挺等同志进行了秘密会谈，商议并征得在庐山养病的瞿秋白同意，向临时中央政治局建议，在南昌举行起义，宣告中国共产党把中国革命进行到底，独立地创建革命军队和领导革命战争的坚定立场。

情况相当紧急，"以武装力量保持革命胜利的尝试"已经是箭在弦上。周恩来按照恽代英等人的建议，当即向临时中央常委会报告。

南昌城，位于赣江下游东岸，素有"襟三江而带五湖，控蛮荆而引瓯越"之称。这句话出自王勃的《滕王阁序》，意思是以三江为衣襟，以五湖为腰带，控制楚地，连接瓯越。由此足见其地理位置的重要。因此，临时中央随即同意在南昌举行起义，并组成以周恩来为书记，李立三、恽代英、彭湃等为委员的前敌委员会，领导武装起义。

7月30日开完中央常委会，张国焘便赶赴南昌，作为中共中央的代表，受中央委托，去"坚持前敌之发动"。而张国焘却反其道而行之，以自己的意图曲解共产国际电报及中央决议，向前委紧急扩大会议传达共产国际关于南昌起义的意见时，说共产国际不主张起义，他自己亦反对起义。

张国焘的讲话引起周恩来、恽代英、谭平山、李立三等领导人的一致反对，他们坚决顶住张国焘的所谓"中央精神""共产国际指示"，避免了这次具有非凡意义的起义被扼杀。

周恩来强调说:"这种意思,与中央派我来的精神不符。我们共产党人不能退出军队,不能把枪支交出去,不能束手待毙。我们要独立地领导武装斗争,用革命的武装去反对反革命的武装。"

恽代英立场鲜明,激愤地说:"南昌起义势在必行,现在一切都准备好了,发这样的指示,阻止我们的行动,断无可能。"

因向国民党表示不满,辞去国民政府农政部长的谭平山怒斥阻挠起义行动的张国焘:"完全是吃了反动派的迷魂药,晕头了!"

排除干扰后的前委于7月31日再次召开会议,决定统一步骤,统一行动,按时举行武装起义。

1927年8月1日,这是一个在中国革命历史上具有里程碑意义的日子,它将震惊中国,震惊世界,震撼反动统治阶级和一切反革命势力。

凌晨,南昌城宁静的上空传来三声清脆的枪声,划破了无边的黑夜。

密集的枪声响起,2万多系着红领带的革命战士,以雷霆万钧之势,在中国共产党的领导下,举行了伟大的南昌武装起义。南昌起义,是中国共产党直接领导的带有全局意义的一次武装起义。它打响了武装反抗国民党反动统治的第一枪,体现了中国共产党人的继续革命的精神。从此,中国革命的历史翻开了新的篇章。

在周恩来、贺龙、叶挺、朱德、刘伯承等的领导下,按照中共前委的作战计划,第20军第1师、第2师向旧藩台衙门、大士院街、牛行车站等处守军发起进攻;第11军第24师向松柏巷天主教堂、新营房、百花洲等处守军发起进攻。激战至拂晓,全歼守军3000余人。驻马回岭的第25师第73团全部、第75团3个营和第74团机枪连,在聂荣臻、周士第率领下相继起义。

8月2日,南昌城数万军民举行了庆祝革命委员会成立的联欢大会。在联欢大会上,恽代英再次发挥了卓越的演讲才干。他慷慨陈词,博得万众欢呼,会后各界青年踊跃参军,仅报名的学生就有数百人。

南昌起义的胜利极大地震动了敌人,引起了国民党反动派的恐慌。南京、武汉、广州的反革命势力，立即联合围攻起义军。8月4日，国民党中央执行委员会训令各级党部，要全体动员镇压共产党，开除了国民党中央委员吴玉章、恽代英、林伯渠的党籍并剥夺其权利，下令缉捕查办。

南昌起义后，汪精卫急令反动势力张发奎、朱培德向南昌进攻。

南昌起义部队，虽然于8月5日陆续撤离南昌城，但是，共产党人不畏艰险、顽强抗击的精神得到了保持和发扬。

依靠这种伟大精神，这支革命武装力量经过艰苦转战，在朱德、陈毅等率领下，与毛泽东领导的井冈山秋收起义部队会合，从而使得革命的火种越烧越旺……

二十九、革命宣传的力量

南昌起义部队离开南昌，长途跋涉，进入赣南山区。沿途民众听信国民党反动派的谣言，已经纷纷逃离，因此造成军需供应十分困难，减员非常严重。

革命队伍面临又一次的严峻考验。

周恩来带领大家，仔细分析情况，认为除了客观原因和一些实际问题外，最根本的是旧军队如何改造、建设成新型的人民军队问题。这支革命力量需要有系统的组织和制度的保障。旧军队的官兵关系、军民关系要从根本上加以改造，当务之急是整顿军纪，做好部队和沿途人民群众的宣传鼓动工作。革命宣传是争取民众、引导大众舆论的重要形式，革命党在革命战争的过程中不能离开革命宣传工作，只有通过革命宣传，得到人民的支持，发动最广大的人民群众参与战斗，才能为最终胜利取得保证。而眼前的事实也证明了反动势力企图颠覆和扼杀革命时，总是千方百计诋毁和削弱革命宣传，进而加强反革命的宣传。

这时，革命队伍宣传的重任，自然落在了恽代英的肩上。

留得豪情谱新篇·恽代英

恽代英已经做好了一切准备工作，他身穿蓝色布衣，脚穿草鞋，手里擎着一把油纸伞，戴着已经摔断了两条腿的近视眼镜，走在宣传队的前面，翻过一座座山，越过一道道岭，展开了宣传攻势。

他们沿路粉刷了大量鼓舞士气的革命标语——

"早晚要消灭国民党右派反革命势力，人民必胜！"

"艰难困苦，玉汝于成，革命必胜！"

"革命到底，同志们加油加油再加油！"

每到一处城镇，他都要举办革命故事会。他依靠深厚的文学素养和丰富的革命斗争知识，把故事讲得绘声绘色，把十月革命的伟大过程讲得跌宕起伏、引人入胜。

浓郁热烈的文艺气息，更是让当地群众喜不自胜而奔走相告。沿路群众通过听革命故事，听恽代英发表的即兴演讲，加深了对革命武装起义的了解。部队也就此彻底改变了自从南昌撤离以后一直笼罩在行军路上的消沉气氛，出现了兵民互动、老百姓与战士们水乳交融的情景，有的群众主动支持部队，帮助解决困难，振奋了全军将士们的士气。

恽代英的革命乐观主义精神，就像燃烧的火焰，感染了整个队伍，他自编自演的《送军哥》脍炙人口，在会昌西北的西江、洛口一带，广为传唱——

包谷野菜熬成汤，
送军哥儿尝一尝，
人间美味香香香。
喝了一口野菜汤，
不愁山川豺狼险，
不怕军阀炮火身边响，
留得豪气冲云汉，
来日清算刮民党……

在革命危难之际，这个地区的一个小村庄里出现过十多名逃荒汉主动唱起《送军哥》，跟随部队出发的动人场面。

由于风餐露宿，连续奔袭，恽代英经常发低烧，人也消瘦了许多。组织上照顾他，为他配备了一匹马。但他拒绝了，他激情饱满地告诉大家："革命者不是为了享安逸来干革命的，我们是为老百姓创造美好将来而战斗的前敌战士。只有奋斗才有我们的出路、我们的快乐、我们的明天。我们只要想到与剥削势力斗争，就会有用不完的力。"

南下的起义部队占领了潮州和汕头，按照临时中央政治局的决定，将南昌起义后建立的革命委员会改为苏维埃，正式举起了镰刀斧头的红旗，由我们党独立领导革命。

1927年12月11日，张太雷、恽代英、叶挺、叶剑英等领导的广州起义爆发，中国第一个城市苏维埃政权——广州苏维埃政府成立，恽代英任秘书长。

在反动派和帝国主义联合进攻下，广州起义失败，恽代英同李立三等安排重病的周恩来及指挥部其他成员安全撤离后，于12月中旬撤退到香港。

恽代英到达香港后，立即紧张地开展工作，一方面组织有关人员寻找、接待广州起义后疏散在港的同志，将他们安全地转移到上海或其他地方，保存下这批革命骨干；一方面继续负责编辑广东省委主办的《红旗周刊》，展开舆论攻势，总结和宣传革命斗争在历次起义中的经验和教训，同时揭露祸国殃民的国民党右派反动势力，让人民看到他们的堕落，看到他们及其走狗疯狂镇压革命力量，看到他们在群众中埋下另一次革命的火种！

为了工作需要，恽代英不久便写信让避难在汉阳娘舅家的沈葆英到香港来。他们选择了一个僻静的地方，租了一间老百姓的房子，夜以继日地为党工作。

沈葆英协助恽代英，负责整理国际政治资料。每当恽代英在楼上开会时，沈葆英就在楼下看守望风。恽代英常对她说："香港这个地方，情况特殊，各国特务间谍都有，政治斗争非常复杂。最近国民党又派了不少特务来港，斗争更加激烈。党的地下工作者，时时刻刻都要提高警惕，每根神经末梢都要参加战斗。"

有一天傍晚，恽代英不在家，党组织在他家开会，突然响起了敲门声。沈葆英还来不及通知开会的同志，房东已打开了门，巡捕蜂拥而进，逮捕了开会的同志。由于沈葆英的打扮和机智，巡捕误认为她是乡下婆才得以幸免。

待巡捕离去，沈葆英便立刻收回窗外那串作为暗号的红辣椒，去找恽代英；找了三天才见到恽代英，沈葆英向丈夫诉说了这几天的遭遇。恽代英安慰说："革命是免不了风险、免不了牺牲的，要受得住考验。我还以为你也被捕了，你已经很好地隐蔽了自己，表现了革命者应该做到的机智和勇敢。"

由于广州起义失败，张太雷牺牲，广东省委损失极大。在究竟应不应该举行起义，起义应采取的方针以及起义失败的原因诸多问题上，省委内部展开了十分激烈的争论。中央派李立三同志到港，主持省委工作。李立三不是正确地引导同志们在总结历史经验的基础上统一思想，而是简单地根据中央1927年11月扩大会议对领导起义失败的同志进行处罚的规定，撤销了恽代英等人的省委委员的职务。这样做非但没有统一思想，相反造成更大的混乱。党中央发现后，1928年2月及时派邓中夏同志抵港，担任省委书记，纠正李立三的错误做法。但不久省委机关遭到破坏，邓中夏被捕。

周恩来赶到香港，召开了省委扩大会议。会上，周恩来首先肯定了这次起义。他指出，这次起义正是在反革命猖獗，全国的城市都在反革命手里的时候，广东工人和革命军人，在党的领导下，联合起来向反革命进行武装斗争的英勇尝试。在这次起义中，绝大多数同志，包括知识分子出身的党员，都是英勇斗争的。提拔一些出身工人的优秀分子参加新的省委领导是很好的，但是不能因此清除一些知识分子出身的干部。他还分析了起义失败的主、客观原因。在周恩来的亲切关怀和支持下，恽代英和其他被撤职的同志恢复了工作。周恩来在省委扩大会议上对起义的精辟分析和处理问题的方法，使到会代表统一了思想，明确了前进的方向，更加坚定了斗争的信心。

当时，党的经费常常中断，恽代英夫妇的经济很拮据，生活也异常艰苦。恽代英对沈葆英说："我们是贫贱夫妻，我们看王侯如粪土，视富贵如浮云，我们不怕穷，不怕苦。我们要安贫乐道，这个'道'就是革命的理想。为了实现它而斗争，就是最大的快乐。我们在物质上虽然贫穷，但精神上却十分富有。这种思想、情操、乐趣，是那些把占有当幸福，把肉麻当有趣的人所无法理解的。"

1928年6月，恽代英化装从香港赶赴广西贵县，作为党中央代表出席了在贵县召开的中共广西省第一次代表大会，在会上作了国内外的形势报告。

1928年秋，恽代英奉命从香港调到上海党中央组织部，接任余泽鸿的秘书工作，协助部长周恩来开展工作。

当时大批干部从莫斯科回国，为了使他们尽快熟悉国内情况，明确工作任务，党中央根据周恩来的建议，在上海举办干部训练班。训练班每期半个月至一个月，训练内容包括军事、组织、宣传、工运、农运等课目，源源不断向全国各地输送大批得力的干部，使党的各级组织得以恢复和发展。

三十、让反动派心惊胆寒的《红旗》

1929年初，恽代英任中共中央宣传部秘书长、组织部秘书长，并负责党刊《红旗》的主编工作。

建立人民的政权，必须靠枪杆子和笔杆子的结合，这两杆子缺一不可。这是一个时期来，总结革命斗争中的经验教训，所得出来的判断。恽代英认为，民心不可违，民心不可欺，民心向背决定成败。国民党右派反动势力，不倾听人民的呼声，违背人民的意愿，一时貌似强大凶恶，但注定要失败；他们推行愚民政策，将群众视为不明真相的无知者，他们自以为聪明，玩弄阴谋诡计，制造骗局，欺骗人民，一旦被揭穿，终将会遭到人民唾弃。

共产党人应该抓住要害，拿起舆论的武器与反动派斗争，揭露他们的丑恶罪行，让笔杆子与战场上的枪杆子相得益彰，这样做就能产生不可估量的力量。

1929年初，恽代英在协助周恩来培训一支具有"红队"之称的特科保卫之剑后，随即转入熔铸另一把利剑的工作。

这把利剑就是按照周恩来的部署，把中共中央机关刊物《红旗》打造成为鼓动人民，直插敌人心脏，让反动势力心惊胆寒的利剑。

在沈葆英的协助下，恽代英夜以继日地写出了大量文章。他揭穿帝国主义侵华的新阴谋，抨击蒋介石新军阀祸国殃民的罪行。恽代英从英帝国主义兵船在南京下关的贺炮和国民党当局欢迎英帝国主义兵船的礼炮声中，剖析帝国主义与蒋介石反动势力相勾结的意图。1929年1月2日，恽代英在《红旗》第7期发表了《英国的船又在南京开炮了——又一个"南京条约"》，他愤慨地写道："英国的船又在南京开炮了！帝国主义者与国民党卖国贼为庆贺他们双方的成功而开炮，然而，每一炮都打在我们中国工人农民的身上，每一炮都打到我们工人农民的心上。"

2月14日，恽代英在《红旗》第13期发表了《蒋介石为谁说话》，他旗帜鲜明地指出："只有打倒豪绅资产阶级的政权，建立工农自己的政权，才能求得中国经济的独立与国际平等，这是中国工农群众唯一求生存的道路。"

其时，国民党右派之间既狼狈为奸相互勾结，却又勾心斗角睚眦必报，新军阀混战狼烟四起。4月13日，恽代英愤然在《红旗》第17、18期合刊上以《国民党第三次全国代表大会的成绩》为题发表檄文。恽代英指出，这种因"分赃不匀而相打"的狗咬狗的战争，已经使人民"陷于困苦颠连之境"。他大声疾呼：只有打倒一切资产阶级与买办地主阶级，建立我们工农兵士贫苦民众自己掌握政权的国家，"才可以永远灭绝国民党右派势力的毒害，灭绝军阀战争！"

恽代英以饱满的政治热情，歌颂了工农在共产党领导下顽强的革命斗争，告诉全世界在白色恐怖下，无数共产党人和革命群众被逮捕、受迫害、遭屠杀付出的沉重代价；恽代英愤怒地抗议国民党的屠杀政策。

9月16日，针对帝国主义的法权调查委员会伪善地提出中国要改良监狱一事，恽代英用笔名稚宜，在《红旗》第45期发表了《打破中国的监狱》一文，愤慨地写道："革命群众所需要的，是根本毁坏现在的监狱，根本打倒反动的统治阶级，立刻释放一切政治犯，决不仅仅是要求监狱改良——改良一点儿，然而仍旧保留着这种东西，好让人家来关禁自己。"

恽代英在周恩来的支持下，在革命队伍内多次发表演讲，告诫一切革命力量：人民是载舟之水，水能载舟，亦能覆舟。一个政权也好，一个政党也好，前途和命运最终取决于民心向背。

有人说，苏维埃是靠"和平、土地、面包"上台的，恽代英立即回答：这非常正确，因为这三个口号集中代表了人民的利益要求，受到了人民的一致拥护。

针对个别人贪图安逸、厌倦斗争的思想苗头，恽代英毫不客气地批评说：这是相当危险的问题，这样的意识作祟，就根本无法带领无产阶级夺取什么政权，就是有了政权也无法维持下去。高高在上，贪欲和享受中的人，他既不是真正的共产党员也不是政治家，充其量不过是个"党徒"和政客。

国民党右派反动势力对《红旗》视为洪水猛兽，怕得要死，同时也恨透了《红旗》的战士恽代英。蒋介石大发雷霆，严令禁止这份"禁书"的传播，查到阅读《红旗》者，轻则入狱，重则人头落地；并下令特务头子，如发现"共党之利剑恽代英"之踪迹，捕之格杀勿论。

恽代英还负责编写《每日宣传要点》，主要是根据当时国内外报纸上的重大新闻写出评论。《每日宣传要点》写得言简意赅，每份五百字到一千字，油印分发给中央各部门及各省市领导同志参阅，对领导同志很有帮助。敌人在破获我党的一些地下组织，搜到这份文件时，发现有许多问题他们还没有研究过而十分震惊。

那时，沈葆英担任党中央机关的机要员，抄写药水信件，登记来往电报，管理或递送重要文件，并负责保卫工作。邓颖超同志是机关的党支部书记。有一次，邓颖超拉着沈葆英的手说："葆英妹，恩来和代英从黄埔军校到南昌起义，两次共事，了解很深。现在是第三次共事，合作得很好。他们辛辛苦苦地为党工作，我们要保护他们的健康，保障他们的安全，这是党交给我们的任务。"邓颖超还特别关照沈葆英要关心恽代英的身体。她语重心长地说："葆英啊！一个女同志，作为他们的亲属，把他们保护好，也就是对党的贡献。"邓颖超同志的话，使沈葆英提高了对机要员工作重要性的认识。

这时候，恽代英、沈葆英已经有了一个男孩儿。恽代英的父亲希望这孩子长大后做管仲那样的人，恽代英便给他取了个"希仲"的名。沈葆英身体很弱，奶水不足，生活本来就很困难，哪来的钱买奶粉呢？看到骨瘦如柴的孩子，父母的心是很难受的，为了解决孩子的奶粉，恽代英每天工作到深夜，还要继续开夜车译书，得来一点儿稿费给孩子买奶粉。

沈葆英觉得，若要做好革命工作，则难带好孩子；若要带好孩子，便难做好工作，内心感到非常矛盾。恽代英安慰她说："目前困难所以产生，主要是由于阶级敌人的存在，目前要打击敌人，就要面对着困难，不在困难面前徘徊、却步……共产党人没有党性和母性的矛盾。我们要去斗争，在斗争中锻炼自己，添加革命的力量；孩子也要安排得当，我们艰苦奋斗，也是为了换取下一代光辉的未来。"接着他建议把孩子安排在党秘密办的大同幼儿园里。

沈葆英安排好孩子后，被党派到闸北一个缫丝厂开展革命工作，担任一个党支部的书记。她初次接触女工时，办法不多，工作进展不畅。恽代英鼓励她说："首先应该同工人打成一片，用通俗易懂的语言对她们进行阶级教育，唤起她们的阶级觉悟。"沈葆英按照恽代英所说的办法，果然工作颇有起色。她把《红旗》杂志带给大家，在女工中教唱经恽代英修改过的《女工苦》的歌：

小小年轻小姑娘,
手持饭菜筐,
冷饭半碗留下充饥肠。
进工厂,北风吹进破衣裳,
十几个钟头真是长,望不到出厂。
....

歌声唤起了阶级姐妹的革命感情,她们从歌声中汲取了斗争的力量。

三十一、身陷魔窟的猛士

大上海漫天阴霾。

这座在苦难中挣扎的城市,春天就要到了,竟然飘起雪花……

恽代英和妻子在闸北区贫民窟找到一间狭窄的小屋,把行李安顿下来,换上了工人装束,从早到晚在杨浦各个工厂活动。

这天,恽代英迈着坚定的步伐,走小巷过短桥,穿行在衣衫褴褛的人群中。一位满身都是灰尘的打工汉子上前拉住恽代英,急切地问:"兄弟,你想一起去打工吗?"

看看此人并不像是国民党特务的样子,恽代英心想:这位打工的兄弟搞错了,如果是想打工的人哪有不带工具来的呢。

"求求你了朋友。我们几个穷工人在缫丝厂外包下了一项砌筑围墙的活,因为人手少,资本家说今天天黑前不能干完,工钱就全免了。帮个忙好吗?"

恽代英说:"好的,我就是来找活打工的。"

这一天累死累活的打工经历,让恽代英进一步了解了穷苦百姓们的生存现状,看到了在富人们醉生梦死花红酒绿的背面,是无数饥寒交迫的生命。中国之黑暗,老百姓之艰难,令人唏嘘落泪。

恽代英回到家中，挥笔写下了《光明的中国在哪里》一文，秘密油印了3000份，散发到沪东区和沪中区穷苦百姓居住密集的地方。

李立三的"左"倾冒险主义错误进一步升级，强行开展"红五月"运动，要求工人举行大罢工，要求各个工厂的工人群众走上街头。

夜晚，时不时地响起刺耳的警笛声和令人恐怖的枪声……白色恐怖笼罩了全城。敌人把恽代英作为重点搜捕、悬赏缉拿的对象。

看到许多熟悉或不熟悉的好同志牺牲于敌人的枪弹之下，沈葆英非常心痛，她也非常担心恽代英的安全，时时留神关注着外面的动静，以一位妻子的缜密和细心，做好了随时应付敌人搜查的各种准备。

恽代英却依然风里来雨里去，夜以继日地奔走在斗争的岗位上，他渐渐地有了与跟踪的敌人斗智斗勇、巧妙摆脱尾巴的经验。尽管如此，沈葆英还是放心不下，她一样懂得斗争的残酷，低声问道："你明天还去工厂吗？我真是不放心啊！党要我保护你的安全，可是，我……"她难过得说不下去了。

恽代英安慰妻子："党的事业现在处在困难的关头，群众在受难、在流血。为了让群众尽量少流血，我不能临阵脱逃。现在中央有的人头脑发昏，不顾及上海主客观力量的对比，梦想现在就占领上海，把群众推入到冒险主义的血海。我不能力挽狂澜，只能献身于斗争。是蒋介石制造的人间地狱，只有摧毁这座地狱，才能把人民解放出来。我想，血是不会白流的，血的代价会让人很快地醒悟过来，我们的事业还是大有希望的。我为此而献身，也是死得其所！"

恽代英深知，越是困难的时候，越是不能离开群众，越是要深入到工人群众中去，帮群众解决实际问题。

1930年5月5日，他了解到有些工人家中粮食困难，已经断炊。他带领几名工人代表，跑了几家工厂，说服厂主把拖欠工人的工钱发放一部分。但是，有一个黑心资本家以资金短缺为由，拒绝支付欠薪。于是，工人们拉起条幅，讨要养家活命的工钱。恽代英带来了律师，与资本家展开斗争。直至天黑，恽代英才带着拿到一点儿工钱的工人撤离。

5月6日，连日的阴霾依然没有退散，街头巷尾弥漫着令人窒息的气味。工厂里的工头驱使工人没黑没白地卖命，在肮脏的环境里倒班干活。恽代英组织大罢工的工作还在进行中。下午，恽代英身穿短衣，头戴一顶工人帽，化装成产业工人的模样，揣着一包刚刚油印好的传单，到杨树浦的老怡和纱厂附近开展工作。

突然遇上了一队巡捕，拦路逐个搜查过往行人。

恽代英高度近视，当他发现巡捕时，再躲避已经来不及了。几个巡捕见他一副工人装束，却戴眼镜、有水笔和传单，正是租界当局的缉捕对象，就把他包围起来。

敌人将他押送到提篮桥巡捕房。为了掩护自己的身份，恽代英使用了化名。巡捕三番五次的毒打，要他的口供，问他的职业，带着传单和谁联系。他利用敌人没有掌握确切的证据，一口咬定自己不过是一名为了活命到处卖苦力的工人，是被巡捕误抓到这里来的。

5月7日，万般无奈的敌人引渡恽代英，以共产党嫌疑犯的罪名关押在龙华国民党警备司令部看守所内。

敌人挥舞着皮鞭问："为什么去参加集会，制造暴动？"

恽代英回答："我已经说过了，我是干活的穷工人。"

敌人问："带着标语，准备到哪里秘密活动？"

恽代英回答："我的活动不是秘密，我的活动就是干活。"

敌人狠狠地说："你一定就是共产党！"

恽代英鄙夷地笑笑："拿出证据来？"

敌人没有拿到具有充分说服力的口供和证据，把已经打得遍体鳞伤的恽代英转押到漕河泾监狱，不久，以"煽动集会，扰乱治安"的罪名判了5年徒刑。

国民党的监狱，是阴森恐怖的人间地狱。没有阳光，没有通风，地下铺的是腐烂了的稻草，污浊而潮湿，散发出刑讯拷打所留下的血腥味。狱中生活极其恶劣，国民党在精神和肉体上摧残政治犯，除了严刑拷打外，每日两餐，每餐一勺稀稀拉拉的霉米饭，里面还夹杂着砂子、稗子；开水也没有，每天只供给半瓦罐带有浓浓土腥味的污水，根本无法解渴。

为了改善狱中生活，恽代英趁放风的机会，向狱友们传递信息，组织大家共同展开斗争，向监狱提出"要吃饭，要喝水，要呼吸，要阳光，反虐待"的要求，并以绝食绝水向国民党的走狗们施加压力。

八一南昌起义纪念日来临时，恽代英以自己的亲身经历向监狱的革命战友们讲述了起义的经过和经验教训。他鼓励大家保持和发扬革命气节，与敌人斗争到底，永远不要低头。他充满豪情地说："对一个革命者来讲，战场固然是考验，而监狱也是一个特殊的战场。一个真正的革命者，在这个特殊战场上，在生死面前，要经受得起严峻的考验。"

1930年8月27日，恽代英被解到苏州监狱；次年2月又转押到南京，关在江东门外国民党的"中央军人监狱"的"星"字监牢房里。

中央军人监狱，也称"政治部军人监狱"和"中央陆海空军人监狱"，是1930年根据蒋介石、陈立夫的指令建造的。名义上是关押犯法军人的，实际上是国民党右派反动势力摧残和杀戮"政治犯"的大型集中营。壁垒坚固的监狱阴森可怕，水牢四间，水中设铁笼，被囚者只能站在里面。监狱内有刑场三处，四周筑有高达六七米的围墙，围墙上设有电网，围墙外挖有深沟，围墙内四角筑有岗楼。

狱中囚禁了许多他在漕河泾监狱中认识的难友，也有听过恽代英演讲的革命青年，还有个别军官是他任军校教官时黄埔军校、武汉军校的学生，虽然有的人已认出了恽代英，但他们始终保守着秘密。他们十分钦佩恽代英的才能，并为他矢志革命的精神所感动，暗暗地保护着他。

在狱中，恽代英秘密宣传马克思主义和十月革命的思想，告诉大家，十月革命是经伟大的革命导师列宁同志领导下的布尔什维克领导的武装起义，继巴黎公社无产阶级政权之后，建立了人类历史上第二个无产阶级政权和由马克思主义政党领导的第一个社会主义国家。十月革命的胜利开创了人类历史的新纪元，为世界各国无产阶级革命、殖民地和半殖民地的民族解放运动开辟了胜利前进的道路。

狱中有的工友文化低一些，他秘密地编写了简洁明了的讲解党的纲领的《工人读本》，让大家在狱中悄悄传看；后来为了避免让敌人

发现，就利用大家一起做苦工的时间，向同志们讲解革命的道理

面对铁窗，他激情澎湃，写了一首情真意切、豪气如虹的七绝，犹如火山喷溅出来的不可抑止的烈火、岩浆，是一个不屈的共产党人发自肺腑的战斗呐喊。这铿锵有力的诗，不胫而走，在狱友中互相传抄，争相吟诵——

浪迹江湖忆旧游，故人生死各千秋。
已摈忧患寻常事，留得豪情作楚囚。

三十二、留得豪情作楚囚

1930年夏秋之交，周恩来和瞿秋白相继从莫斯科回国，重新主持中央工作。

当得知恽代英虽然被捕，但身份一直没有暴露，党组织遂派出特科人员到监狱看望了恽代英，并迅速设法营救。

1931年，党组织将营救恽代英的工作进展情况转告给沈葆英，并通过互济会的安排，让沈葆英以妻子的身份到南京中央监狱探监，通知恽代英提前做好出狱的准备。

下了火车，天空阴云密布，仿佛整个天际沉重得就要砸下来。雨点时密时疏，下个不停。沈葆英深一脚浅一脚地一路小跑，她要早一点儿告诉恽代英，自己带来了党组织的口信和问候。想到这些，她感到心中有了春天一般的温暖。

监狱就在眼前了。

黑洞洞的大门，阴森森的，荷枪实弹的狱警就像秃鹫一般，目光冷冷透着杀戮的气息。沈葆英穿过好几条阴影灰暗的走廊，来到狭窄压抑的"会囚室"里。

狱警声音生硬地呵斥："等着。"

屋里的隔断墙上开着一个四方的小窗，中间安装着粗粗的铁条。

在狱警的监视下，来这里探监的人与在押的"囚犯"只能隔着铁窗相见。

"生死离别，倏忽已是近一年的光景，丈夫会是什么模样？"沈葆英想象着。

须臾，一阵铁镣的声音传来。她睁大了眼睛，深情地望过去。

恽代英一身黄色的囚衣，蓬乱不堪的长发，焦黄嶙峋的面颊。沈葆英顿时感到一阵酸楚，眼泪不由自主地涌出来。

"你受苦了。"沈葆英哽咽地说，"家里大哥回来了，他们都知道你是被冤枉的。你出了狱后就能团聚了。"

恽代英面对着妻子，深沉地说："我不在，这一年来让你担心了。我这里很好，大家都很照顾我。对家人说，千万不要惦记我，他们平安健康，我也就称心满意了。"

沈葆英一语双关地说："哥哥正准备迎接你刑满出狱，与家人团圆呢。"

恽代英明白了，接过妻子手里的包裹。妻子说："我给你带了小希仲的照片，他现在学会走路了，会喊爸爸了。"

"要好好教育孩子。"恽代英嘱咐道，"带着孩子留神门户，当心狗咬。"

规定的探视时间在一分一秒地过去，忽然狱警走过来，比狗还凶恶地吼道："已经到时间了，快走快走！"

恽代英对妻子再次嘱咐："孩子妈，你要保重，告诉家里的人们保重。"

沈葆英的泪水再次扑簌扑簌地从面颊上滑落下来。

恽代英转过身，朝囚室走去，走着走着又回过头来大声地说："不用再给我送东西了。告诉大哥，希望大家勤俭度日，多吸收新鲜空气，让身体强壮健康！"

沈葆英痴痴地望着恽代英离去的背影，一时不知道自己该说什么好，泪水再次模糊了她的视线。她哽咽着回答："亲爱的，我期待着你回家，期盼着你与家人们团聚，盼望那一天早日到来……"

恽代英的营救工作，还在有序地进行，而且距离实现的目标越来越近了。

4月28日，"星"字号的牢门突然打开了，不是放风的时间，这样的情况是从来没有过的。

蒋介石的军法司司长王震南出现了。王震南拿着恽代英在黄埔军校时的照片来到他面前，眼睛直盯盯地对着恽代英，一番打量。恽代英明白自己的身份已经完全暴露，轻蔑而又从容不迫地说："我就是恽代英！"

原来正当党组织设法营救，恽代英即将被提前释放时，中共中央政治局候补委员、中央特别行动科负责人顾顺章被捕，随即屈膝投降叛变革命，并出卖了恽代英同志。

蒋介石得知后，急令王震南到狱中查对。

国民党知道恽代英和那些贪生怕死长着一副软骨头、从狗洞子爬出的变节者不同，刑讯和死亡威胁全都无济于事，因此使出了招降纳叛给予官位、金钱、女人的各种诱惑，以期用糖衣炮弹的威力来击倒恽代英。

王震南假惺惺地对恽代英说："你是杰出的人才，我们很器重你，只要发个声明脱离共产党，我们就决不亏待你。"

恽代英义正词严地回答："蒋介石已经完全背叛了中山先生制定的三大政策，因此，道不同不相为谋。出卖灵魂、贪图享受的绝不是共产党人，只有国民党反动派和无耻的官僚政客才贪图私利。蒋介石代表大地主大资产阶级的利益，他双手沾满了正义者的鲜血，我们断无共事之理！"

气急败坏的国民党反动派咆哮道："人生如梦，转眼就是百年，那别怪我们不客气了！"立即给恽代英加上镣铐，关进了水牢。

蒋介石立即下达了电令，将恽代英就地枪决！

1931年4月29日中午，在狱警狼嚎一般的叫喊声中，恽代英拖着沉重的镣铐，坚毅地走出了牢房。

"同志们，永别了！"

留得豪情谱新篇·恽代英

恽代英朝狱友们挥手致意。他神色坦然，昂首挺胸，沿途高唱《国际歌》。临刑前，面对执刑的刽子手，恽代英发表了慷慨激昂的演说："蒋介石走袁世凯的老路，屠杀爱国青年，献媚帝国主义，较袁世凯有过之而无不及，必将自食其果！"

王震南慌忙下令开枪。"砰——"随着枪声，恽代英的身躯摇晃了一下，但他又顽强地站直身子，振臂高呼：

"打倒卖国贼蒋介石！"

"中国共产党万岁！"

又是一声尖利刺耳的枪声。

恽代英倒在血泊中，壮烈牺牲，时年36岁。

新中国成立后，周恩来总理在1950年为纪念恽代英题词，对他的一生作了高度的概括：

"他的无产阶级意识、工作热情、坚强意志、朴素作风、牺牲精神、群众化的品质、感人的说服力，应永远成为中国青年的楷模。"

附录　恽代英生平年表

1895年8月12日，出生于湖北武昌，祖籍江苏武进。

1913年考入私立武昌中华大学预科，曾在《新青年》《端风》《青年进步》《东方杂志》等刊物发表大量文章，宣传新思想、新文化。

1917年10月在该校学生中发起组织进步社团互助社。

1918年于武昌中华大学毕业，后任该校附中教务主任。

1919年五四运动时，为武汉爱国学生运动主要领导人，带领互助社等青年团体以实际行动声援北京学生的反帝爱国斗争；同年10月，加入少年中国学会；之后在武昌创办利群书社和《互助》《武汉星期评论》等进步刊物。

1920年春，由信奉改良主义和空想社会主义转变为信仰马克思主义，研究马克思学说，接受唯物史观。

1921年7月，领导建立共存社；同月，中国共产党在上海成立，不久，正式加入中国共产党。

1921年秋，到川南师范学校任教；1922年5月，在川南师范组织成立了马克思主义研究会。

1923年初，在成都高等师范学校任教，传播马克思主义。

1923年夏调上海，任青年团中央执行委员兼宣传部长，创办团中央机关刊物《中国青年》并任主编，同时兼任上海大学教授和国民党上海执行部宣传部秘书，负责编辑《新建设》月刊。

1925年5月,因日本资本家枪杀中国工人顾正红,中共中央决定5月30日组织上海市民举行游行示威,任总指挥;五卅惨案发生后,与陈独秀、蔡和森、瞿秋白等制定在全国组织反帝运动的总方针,参与领导五卅运动。

1926年1月,赴广州出席国民党第二次全国代表大会,当选为中央执行委员,后任黄埔军校政治总教官及军校中共党团领导成员,兼任中共广东区委青年部部长、广州农民运动讲习所教员。

1927年初,任中央军事政治学校武汉分校政治主任教官。5月,出席中共第五次全国代表大会,当选为中央委员。蒋介石发动四一二反革命政变后,与毛泽东等团结国民党左派联名发出讨蒋通电。5月中旬,夏斗寅叛变,恽代英任中央独立师党代表,协助叶挺部击退夏部进犯,保卫武汉。同年7月23日,赴九江参加筹划南昌起义;30日抵南昌,任中共前敌委员会委员。8月5日,随起义军南征;部队在广东潮汕遭挫,乘船去香港。12月,与张太雷等领导了广州起义,任广州苏维埃政府秘书长,主编广东省委机关刊物《红旗周刊》;起义失败后,再转香港,担任广东省委委员,从事地下斗争。

1928年7月,中共六大以后赴上海,先后担任中共中央组织部秘书长、宣传部秘书长,党刊《红旗》主编。

1929年6月,在党的六届二中全会上补选为中央委员。

1930年4月,因反对李立三的"左"倾错误而受打击,后调任上海沪东区行动委员会书记。

1930年5月6日,在上海怡和纱厂与地下党接头时被捕。

1931年4月29日,在南京监狱中英勇就义,时年36岁。